A Door to the Future

未来へのトビラ
File No.002

世界史で読み解く現代ニュース

池上 彰
Akira Ikegami

増田ユリヤ
Julia Masuda

JN164729

ポプラ選書

カバー装画　げみ
カバーデザイン　bookwall

はじめに

中東のシリアで内戦が激化したと思ったら、隣国《りんごく》イラクにも戦火が飛び火。内戦の焦点《しょうてん》になった組織は、なんと「イスラム国」を名乗りました。「カリフ制度」を現代に復活させたというではありませんか。

こんなとき、ニュースを理解するには世界史の知識が必須《ひっす》です。カリフもイスラムも、高校の世界史で習っているはずです。だから理解は容易……といきたいところですが、多くの人が、「そう言えば、習ったような気がする」というのが正直な感想ではないでしょうか。

高校時代、私は世界史が苦手でした。あまりにたくさんの固有名詞が出てきて、扱《あつか》う範囲《はんい》も膨大《ぼうだい》。それぞれの時代、地域の出来事が、どのように関連するのか、まったく理解できませんでした。世界史の授業は睡眠《すいみん》不足を解消する時間になりました。

私にとっても、カリフやイスラムは遠い世界・時代の話でした。

ところが、世界のニュースを扱うようになって、現代のニュースを理解するには、その出来事の時代背景を把握《はあく》する必要のあることに気づきました。もっと世界史を勉強しておけば！　後悔《こうかい》先に立たずです。

そういう思いの人は多いのではないか。このところ書店の店頭で世界史関連の書物を多く見かけるようになって、そう感じます。

世界史を知っていれば、現代のニュースが理解できる。現代のニュースからさかのぼれば、世界史が興味深く学べる。

そんな視点から、この本を書くことになりました。長く高校で歴史を教えてきた増田ユリヤさんが、世界史をわかりやすく解説する。その世界史が、現代とどうつながっているかを私が解き明かす。編集者のアイデアで、この本が誕生しました。

自分で言うのも何ですが、もし高校時代にこういう本があったなら、私は世界史が好きになっていたかもしれない。そう思います。

現代のニュースをよりよく理解したい人にも、いま世界史を学んでいる学生さんにも読んでいただける。そんな本になったと思うのですが、この本を手に取ったあなたの評価は、いかがでしょうか。

二〇一四年九月

ジャーナリスト　池上　彰

世界史で読み解く現代ニュース／目次

第1章

「大航海時代の栄光を再び」

——中国の野望

中国の海洋戦略は鄭和を知ると見えてくる

二〇一四年五月、南シナ海のベトナムの排他《はいた》的経済水域で、中国が海底油田の採掘《さいくつ》試験を開始しました。これにはベトナムが猛《もう》反発。漁場を守ろうとしたベトナム漁船が、中国の海洋警察（日本の海上保安庁に該当《がいとう》）の艦船《かんせん》に衝突《しょうとつ》されて沈没《ちんぼつ》する事態が起きました。

また、フィリピンと中国も、南シナ海の島の領有権をめぐって対立が続いています。

中国は、なぜ南シナ海を自国の海だと主張するのか。さらには、中国はどのような海洋戦略を持っているのか。それを知るには、歴史を紐解《ひもと》いてみることです。キーワードは、「鄭和《ていわ》」です。

どのようなことなのか。最近のニュースと世界史の知識は、どのように結びつくのか。この章をお読みください。

中国の海洋進出は鄭和がお手本？

池上　彰

中東ドバイ。アラブ首長国連邦最大の都市として発展著しい。砂漠《さばく》の中に巨大な運河が造られ、点在するリゾートホテル間は、運河に浮かぶアブラ（アラブ風水上バス）で移動する。この舟《ふね》に乗って到着《とうちゃく》する中華《ちゅうか》レストラン。その名は「鄭和《ていわ》」。上品な高級レストランとして世界の観光客に人気です。

なぜ、こんな場所に中国の武将の名前をつけられたレストランがあるのか。かつて、この中東まで船で大遠征《えんせい》を果たした武将だからです。中東と中華が交差する。それを実現したのは「鄭和」というわけです。

最近の中国による海洋進出は目覚ましく、東シナ海や南シナ海で、周辺諸国とさまざまな摩擦《まさつ》・トラブル・衝突を引き起こしています。とりわけ南シナ海全域を

南シナ海でベトナム沿岸警備隊の警備艇（左）を追跡する中国の艦船
（2014年5月14日ロイター＝共同）

「中国の領海」と宣言し、反発するベトナムと衝突を繰《く》り返しています。
しかし、中国には中国の論理があるのです。そのキーワードが「鄭和」です。

「鄭和の時代から」と習近平

二〇一四年五月、中国の習近平《しゅうきんぺい》国家主席は、中国国際友好大会・中国人民対外友好協会設立六〇周年記念大会に出席し、次のように述べました。
「近年、中国の高度発展に伴《ともな》い、世界では中国が『国が強くなれば必ず覇《は》を唱える』という道を歩むことを懸念する声が聞かれるようになった。一部では、いわゆる中国脅威論《きょうい》が唱えられている。このような観点・発想について、多くの人は認識に間違《まちが》いがあり、当然ながら一部の人は根深い偏見《へんけん》を持っている」と指摘《してき》した上で、こう語ったのです。

中国人は二一〇〇年以上前にシルクロードを開通し、東洋・西洋の平等な文明交流を促《うなが》し、ウィンウィンの足跡《そくせき》をとどめた。周辺諸国の人々は、そこから大きな利益を受けた。六〇〇年以上前、中国の鄭和は当時の世界で最も強大であった艦隊《かんたい》を率いて、太平洋とインド洋を七回航行し、三〇以上の国と地域を訪れた。少しの土地も占領《せんりょう》することなく、人々との友好交流および文明伝播《でんぱ》の美談を残した。中華民族の血には他者を侵略《しんりゃく》し、世界に覇を唱える遺伝子が存在しない。中国人は、国が強くなれば必ず覇を唱えるという論理を受け入れられず、世界各国の人々と平和的に交流し、調和的に発展しようと願っている。(「中国網日本語版」〈中国政府の主張を海外に伝えるウェブサイト〉五月一六日)

最近の中国の海洋進出の理屈《りくつ》には、こんな歴史認識が存在しているのです。

もっとも、この演説の一節「中華民族の血には他者を侵略し、世界に覇を唱える遺伝子が存在しない」という部分にはベトナムが猛反発しました。ベトナムには、過去何度も中国の侵略を受け、支配されてきた歴史があるからです。

とりわけ一九七九年には、中国の最高実力者・鄧小平《とうしょうへい》が、中国と親密な関係を持つカンボジアと紛争になったベトナムに対し、「懲罰《ちょうばつ》を与《あた》える」と称《しょう》して軍隊を侵攻《しんこう》させました。「中越《ちゅうえつ》戦争」です。この戦争では中国軍が多大な損害を出して撤《てっ》退《たい》しましたが、ベトナムには、中国に対する抜《ぬ》きがたい敵意と恐怖《きょうふ》心を残しました。

中国は、自国が他国（日本）から受けた被害《ひがい》は忘れないものの、自国が他国（ベトナム）に与えた被害は、あっさりと忘れてしまうようです。

南シナ海めぐり緊張続く

南シナ海では、中国の行動によって、周辺諸国との摩擦が絶えません。

南シナ海は、香港《ホンコン》、中国、台湾《たいわん》、フィリピン、ブルネイ、マレーシア、ベトナム、インドネシアに囲まれた海域の名称《めいしょう》です（三七ページの地図参照）。日本では「南シナ海」と表記しますが、中国では「南海」といいます。ベトナムでは「東海」、フィリピンでは「西フィリピン海」と表記します。

フィリピンは従来、「南シナ海」という国際的な表記を採用してきましたが、中国とのトラブルが続発するようになったため、「中国の海であるかのような呼び方は気に食わない」として、「西フィリピン海」と呼ぶようにしたのです。

南シナ海では、南沙《なんさ》諸島（英語名スプラトリー諸島）や、西沙諸島（英語名パラセル諸島）、それに中沙、東沙などの島々の領有権をめぐって周辺各国が対立しています。

南沙諸島は、約一〇〇の島からなり、地理的には中国から遠く離《はな》れていますが、一九七〇年代後半に海底油田の存在が確認されると、各国が相次いで領有権を主張します。現在は、中国とベトナム、フィリピン、マレーシア、ブルネイ、そして台湾が自国領土だとして争っています。

南沙諸島の領有をめぐって、中国とベトナムは一九七四年と八八年に軍事衝突。八八年にはベトナム軍に六四人の死者が出て、中国が占有した島があります。

西沙諸島も、ベトナムが支配していましたが、一九七四年に中国が侵攻・占領しています。ここに港を建設し、実効支配を続けているのです。

その南シナ海で、二〇一四年五月二日、西沙諸島の周辺海域に、中国の大手企業《きぎょう》・中国石油天然気集団（CNPC）が石油掘削《くっさく》装置（リグ）を設置しました。

この海域は、ベトナムが主張する排他的経済水域（EEZ）の中でしたから、ベトナムは猛反発。多数のベトナム漁船が漁のために周辺海域に向かいましたが、中国の艦船によって妨害《ぼうがい》されました。

これに対して、中国外務省は、「中国企業の資源探査は合法であり、完全に正常

コラム

排他的経済水域（EEZ）

領海は沿岸から一二海里（約二二キロ）ですが、沿岸から二〇〇海里（約三七〇キロ）の範囲の海域が「排他的経済水域」。「排他的」つまり他国は経済活動ができない海域のこと。国連海洋法条約で定められました。

領海から外側の海域は公海になるので、他国の船舶が自由に航行できますが、漁や海底資源の探査・掘削などは、その国の許可がなければできません。

な活動だ」と主張し、中国の海事当局は、掘削装置の周辺海域の半径三海里（約五・五キロ）を進入禁止とする通知を出しました。

その後も現場海域では中国の艦船とベトナムの漁船がしばしば衝突し、五月二六日には中国船に体当たりされたベトナムの漁船が沈没しました。

ちなみに、こういう現場に登場する中国の漁船に乗っているのは、純粋《じゅんすい》な漁民ではありません。漁民ではありますが、政府に雇《やと》われ、初歩的な軍事訓練を受けている準兵士です。軍の指示を受け、民間の漁民を装って行動しているのです。

一連の中国の行動にベトナム国内では憤激《ふんげき》が高まり、五月一三日から一四日にかけて大規模な反中国暴動が発生。中国人に死傷者が出る事態になりました。ただし、襲撃《しゅうげき》された工場の多くは台湾企業でした。

中国は周辺海域での警備を強め、六月下旬から七月上旬にかけて二隻《せき》のベトナム漁船の乗組員計一三人を拿捕《だほ》しました。

当初、中国は、掘削探査は八月まで実施《じっし》すると発表していましたが、七月一五日に探査を終えたことを明らかにしました。拿捕していた漁民も解放しました。

その一方で、中国外務省は七月一六日、「西沙諸島は中国の争う余地のない固有の領土だ」と主張し、「ベトナム側が中国企業の活動を道理なく妨害したことに断固反対する」と言って、周辺海域でのベトナム船による抗議《こうぎ》活動を批判しました。

中国としては、「掘削探査が順調に進んだから、予定を早めて終わった」と発表したのですが、八月一〇日にミャンマーで、南シナ海問題などを議題とする東南アジア諸国連合（ASEAN）地域フォーラム（ARF）が開かれることになっていたため、その前に探査を終え、摩擦の緩和《かんわ》を狙《ねら》ったと見られています。中国にしても、ベトナムの反発ぶりは想定以上だったのかもしれません。

中国が一歩後退したかに見えますが、野心を失ったわけではありません。

フィリピンも中国の態度に悩む

中国とベトナムの紛争を見たフィリピンのベニグノ・アキノ大統領は、二〇一四年五月一九日、中国の行動は、二〇〇二年の「南シナ海行動宣言」に違反《いはん》していると中国を非難しました。

中国と東南アジア諸国連合（ＡＳＥＡＮ）加盟一〇か国は二〇〇二年、緊張《きんちょう》を高める行動の自制や平和的解決をうたった「南シナ海における関係国の行動宣言」に署名しているからです。この宣言では、領有権をめぐって紛争になっている岩礁《がんしょう》には、新たな建造物を造ることを禁じているのです。

これに対して中国外務省は、フィリピンの抗議を拒否《きょひ》し、中国には自国の領海内で建設をする権利があると主張しました。

それどころか、フィリピンも南沙諸島で建設を行っているとして、中国の動きを批判するフィリピンが偽善《ぎぜん》的だと非難したのです。フィリピンが実効支配するパグアサ島について、「フィリピンは違法《いほう》に占拠《せんきょ》した中国の南沙諸島で建設を進めている」とし、「その一方で、彼らは中国の合法的な建設作業に無責任な発言をしている」と述べました。

フィリピンがベトナムに同情的な発言をしているのは、フィリピンも南シナ海で中国とトラブルになっているからです。

二〇一四年五月、フィリピン政府は、南沙諸島のジョンソン南礁《なんしょう》（赤瓜礁《せきかしょう》）で、「中国が滑走路《かっそうろ》を建設している疑いがある」として、現場の写真を公表しました。岩礁が大量の砂で埋《う》め立てられ、コンクリート製の基地のような構造物も写っています。

ジョンソン南礁は、かつてベトナムが支配していましたが、一九八八年、中国が武力でベトナムから奪《うば》い、実効支配しています。ベトナムはもちろん領有権を主張していますし、フィリピンも自国のEEZ内だと主張しているのです。

しかし、フィリピンは、中国に比べると、人口も少なく、軍事力も弱いため、アキノ大統領の態度は及《およ》び腰《ごし》です。二〇一四年五月、イギリスの経済専門誌「エコノミスト」のインタビューに答えて、アキノ大統領は、「我々はできる限り率直に話す必要があるが、中国を刺激《しげき》しすぎないように努めることも重要だ」と語っています。

中国との貿易量も中国からの観光客も急増していて、フィリピンにとって中国は、敵対するわけにはいかない存在になっているからです。

このインタビューの中で、「エコノミスト」の記者は、南シナ海が中国の領海であるという主張について、こう述べています。

最も信じがたいのは、中国が自らの主張の根拠《こんきょ》さえ説明しないことだ。今回の石油掘削作業を展開している地点についても、誰《だれ》もが中国の領土だと認める海南省のEEZの一部と捉《とら》えているのかもしれない。あるいは一九七四年に中国が当時の南ベトナムから奪取《だっしゅ》した西沙諸島に属するものと見ているのかもしれない。

もしくは単に中国が主張する「九段線」に囲まれた範囲《はんい》内のエリアだから、との主張かもしれない。だらりと垂れた舌のような形のこの曲線（「中国の赤い舌」と呼ばれる）は、以前に中国が作成した地図に示されており、よって中国が歴史的に南シナ海のほぼ全域に対する領有権を持つという主張だ。（「エコノミスト」二〇一四年五月二三日号）

中国の領海という主張の根拠は「九段線」

中国は、南シナ海すべてを自分の領海だと主張しています。主張通りの地図にすると、牛の舌が南シナ海をペロリと舐《な》めたような形になるため、「中国の赤い舌」と呼ばれます。

しかし、中国の本土からは遠く、ベトナムやフィリピン、ブルネイなどの国々の海岸線近くまでが、全部中国の領海だというのです。これは、どういう理屈なのでしょうか。

中国の主張は、ここに「九段線」という歴史的な境界線が引かれているというのです。

この論拠《ろんきょ》として登場するのが、一五世紀の人物である明《みん》の時代の鄭和です。鄭和という名前に記憶《きおく》はありますか。

「大航海時代」というのはヨーロッパの専売特許ではない、鄭和こそが大航海時代を切り開き、南シナ海を開発。明の行政権を定めたのだ、というのが中国の主張なのです。

こうなると、大航海時代や鄭和についての世界史の知識が必要になります。これについては、増田さんの解説にまかせましょう。

要するにヨーロッパ諸国がアジアにやって来る前に、明は南シナ海を支配していた。だから南シナ海は中国のものだ！　こういう理屈なのです。

この歴史観には参りますが、問題は現代です。一九四七年、当時の中華民国が、地図の上に一一本の破線を引いて南シナ海を囲み、「この海は中華民国の領海だ」と宣言したが、世界は異を唱えなかった、というのが、いまの中国の主張です。そんな宣言、世界が気づいていなかっただけではないか、と突《つ》っ込《こ》みを入れたくなります。地図の上に勝手に破線を引いただけでは、どこが領海の境になるか、はっきりしません。

一九四九年、大陸に中華人民共和国が成立すると、中華民国の領海はすべて現在の中国が受け継《つ》いだという主張です。

このとき中国は、隣接《りんせつ》するベトナム（当時は北ベトナム）が、同じ社会主義の友好国だったことに配慮《はいりょ》して、一一本の破線のうち、二本の破線の部分をベトナムに譲《ゆず》り、残り九本の破線を、他国の領海との境界線に定めているという主張です。これが、中国の主張する「九段線」です。（以上は、「人民網《じんみんもう》日本語版」二〇一一年一一月二三日による）

一方、ベトナムやフィリピンの主張は異なります。中国は九段線の正確な座標を公表したことはないというのです。まるで地図の上にペンで書き込んだようなものだ、というわけです。

またベトナムに言わせると、中国の九段線の内側に存在する数十カ所の島々に対して、ベトナムが自国の領有権を主張した際、中国は反論しなかったというのです。一番の問題は、一九九四年に発効した国連海洋法条約を、中国が一九九六年に批《ひ》准《じゅん》していることです。この国際条約によれば、領海は領土から最大一二海里（約二二キロ）と定められているからです。

仮に中国の主張通り、南沙諸島や西沙諸島が中国領だとしても、南シナ海全部が領海とはなりません。

中国は、国連海洋法条約が認める排他的経済水域二〇〇海里（約三七〇キロ）を確保する一方、一二海里の領海は守っていないのです。

中国に対しては、「自分の国が参加している国連海洋法条約を守りなさい」と言うしかありません。

南シナ海に空母を配備へ

その南シナ海での支配を強固にすべく、中国は空母「遼寧《りょうねい》」を配備しました。

この空母、もともとは旧ソ連の「ワリャーグ」でした。約六万七〇〇〇トン。旧ソ連時代の一九八五年に建造が始まった古いものです。

いったんは一九八八年に進水し、船内の設備の取り付け作業などをしていましたが、旧ソ連が崩壊《ほうかい》したため、建造を続ける資金がなくなり、ソ連軍の後継《こうけい》のロシア海軍は、これを放棄《ほうき》します。

ソ連崩壊後、造船工場がある場所はウクライナになったことから、ウクライナ海軍の所有になりました。

しかし、ウクライナも経済力はなく、空母として建造を続けることができなくなり、スクラップとして売却《ばいきゃく》先を探していたところ、マカオの「民間」の「レジャー企業」が、「海上カジノとして使用する」と言って名乗り出ました。二〇〇〇万ドルで購入《こうにゅう》したのです。ウクライナは、本来の空母として使われることがないように、船内の機器類は撤去した上で引き渡《わた》したと言われています。

ところが、この「民間」の会社、社長は中国の元軍人で、実態のないダミー会社だったのです。ウクライナから曳航《えいこう》された船は、なぜかマカオには入港せず、二〇〇三年三月、中国本土の大連《だいれん》港に入港しました。当然のことながら、カジノへと改修されることはなく、大連港に係留されたまま。そのうちに、なにやら大規模な改修工事が始まり、いつしか中国海軍の空母「遼寧」になってしまったのです。なんだかスパイ小説のようです。

中国は、「ワリャーグ」を改修しながら、空母の構造を研究。新しい空母を建造しています。他国のものを真似《まね》して作る。これも中国的行動様式です。

中国国防省の報道官は、空母保有の目的について、「国家の安全と海洋権益を防衛するため」と説明しています。「海洋権益の防衛」とは、何でしょうか。「ここは我が国の海だから近寄るな」と近隣諸国を脅《おど》すためのものなのです。

中国は、東シナ海の尖閣《せんかく》諸島について、「自国の領土だ」と主張していることはご存じの通りです。でも、東シナ海のみならず、南シナ海の広い範囲にわたっても自分の海だと主張し、一九九二年、全国人民代表大会は「領海法」を制定しました。東シナ海の尖閣諸島周辺と南シナ海を中国の領海であると宣言したのです。周辺国と協議することなく、自国の法律を作ってしまったのです。

南シナ海は、中国本国から遠く離れていますから、中国海軍の軍艦や漁業監視《かんし》船を派遣《はけん》するのは、なかなか大変なこと。でも、空母を南シナ海に置いておけば、周辺を艦載《かんさい》機が飛び回り、「いつでも攻撃できるぞ」と脅すことが可能になります。

空母に搭載《とうさい》する戦闘《せんとう》機は、多数積めるように主翼《しゅよく》が折り畳《たた》み式であることが有利です。そのための国産戦闘機「殲《せん》15」を開発中です。これによって、中国の「海洋権益」が守られることになるのです。

「真珠の首飾り戦略」

かつて鄭和は、インド洋を通って中東に向かいました。インド洋の交通路を確保すること。これも鄭和に倣《なら》った現代の中国の戦略です。これを「真珠《しんじゅ》の首飾《くびかざ》り戦略」と呼びます。

これは、南シナ海、マラッカ海峡《かいきょう》、インド洋、ペルシャ湾あるいはスーダンのポートスーダンまでの航路を確保するため、中国が各国への援助《えんじょ》を通じて中国の艦船が停泊《ていはく》できる港を開発していることを指します。

この航路が、インドを人の顔に例えて、まるで「真珠《しんじゅ》の首飾り」のようだというわけです。中国にとってインドは仮想敵国でもあります。かつては中印戦争で戦った相手。真珠の首飾りは、航路のインド包囲網《もう》でもあります。

中国は、すでにミャンマーのシットウェ、バングラデシュのチッタゴン、スリランカのハンバントタ、パキスタンのグワーダル、モルディブのマラオ、ケニアのラムに停泊できる港を確保しています。

とりわけ中国と親密な関係のあるパキスタンのグワーダルに大規模な深水港の建設を始めています。これは、将来中国がインド洋やペルシャ湾での海軍作戦の戦略的な足がかりを得るためのものと見られています。

中国は世界三位の石油輸入国です。アフリカのスーダンや中東産油国からの石油を運ぶ航路は中国にとっての生命線。これを「シーレーン」と呼びます。これを確保し、いずれは海軍力で護衛する能力を獲得《かくとく》する。これが中国の長期戦略です。

そう、かつて鄭和が通った航路です。

中国は近年、エネルギー消費の海外依存《いぞん》度を高めている国だ。海上エネルギー輸送の安全に関するリスク要因が、中国のエネルギー安全に及《およ》ぼす影響《えいきょう》も拡大している。これに対して高い危機意識を持ち、危機を未然に防ぐことは、中国の海上エネルギー輸送の安全を確保するため必要なことだ。

まず、「二一世紀海上シルクロード」を建設する戦略から着手し、その中に含《ふく》まれる意義を充実《じゅうじつ》化し、これをその沿岸国の感情を結び付ける新たな絆《きずな》とする。

「真珠の首飾り」戦略の航海図

共同通信の地図をもとに作成

これらの沿岸国は、中国の海上エネルギー輸入航路が必ず経由する国である。「二一世紀海上シルクロード」の建設は、中国の海上エネルギー輸送の安全にとって有利な国際環境と雰囲気《ふんいき》を形成し、中国の海上エネルギー安全の防壁《ぼうへき》を堅固《けんご》にする。

具体的な措置《そち》は次の通りだ。中国がこのほど提唱している、友好的で誠意あるウィンウィンの関係を重視する、周辺外交理念を徹底《てってい》する。六〇〇年以上前に明朝の鄭和が西洋に下り海洋を平和的に開発した歴史的伝統を活《い》かし、中国がいかなる私心も雑念も持たず、誠心誠意《せいしんせいい》で海上シルクロード沿岸国とウィンウィンの関係を発展させるという精神を最後まで貫《つらぬ》く。海上シルクロード沿岸国に対して、中国の友好と調和を重視する懐《ふところ》の広さを認識させる。

日本は海上エネルギー輸送沿岸国を利用し中国の発展を牽制《けんせい》し、中国とこれらの関連国の関係を引き裂《さ》くこともあるが、中国の「二一世紀海上シルクロード」の戦略が適切に推進され、徹底されれば、中国が六〇〇年以上前に鄭和が西洋各国を訪問した際に示した、中国の威厳《いげん》ある大国の気風を再現できるはずだ。そうなれば日本の小賢《こざか》しい手法は、自《おの》ずと瓦解《がかい》するだろう。（「中国網日本語版」二〇一四年四月三日）

傍若無人《ぼうじゃくぶじん》の中国は、何を狙うのか。鄭和は南シナ海からインド洋を通って、中東・東アフリカまで遠征しました。

かつての夢よ、もう一度！　この再現が、中国の野望なのです。

一〇〇年も早かった中国の世界進出

増田ユリヤ

ヨーロッパの大航海時代

大航海時代というと、皆《みな》さんが思い浮《う》かべるのは、一五世紀の末に登場したコロンブスやバスコ・ダ・ガマといった人たちではないでしょうか。マルコ・ポーロの『世界の記述』（一般的には『東方見聞録』の名前で知られる）に魅《み》せられたヨーロッパの人たちが、香辛料《こうしんりょう》や金・銀などを求めてアジアを目指したことはあまりにも有名です。でも、もしかしたら記憶があやふやな人もいるかもしれませんので、念のため、ここでおさらいしておきましょう。

コロンブスは、イタリア・ジェノバ生まれの航海士です。同じイタリア・フィレンツェの天文・地理学者であるトスカネリが唱えた「地球球体説」を信じて、西回りで海を渡っていくとインドに到達《とうたつ》できると考えました。その航海を援助してくれたのが、スペイン初代女王のイサベル（イザベラ）です。コロンブスがサンタ＝マリア号ほか二隻の船と一二〇人の乗組員とともに、スペイン西南海岸のバロスを出発したのは一四九二年のことでした。

コロンブスが中米のバハマ諸島（現バハマ国）に到達し、そこをインドの一部だと信じたため、カリブ海に浮かぶ島々を西インド諸島と呼ぶようになったのですね。

インドには到達できなかったコロンブスですが、これがいわゆるヨーロッパ人によるアメリカ大陸の「発見」のきっかけと大西洋航路の開拓《かいたく》につながったのは、まぎれもない事実です。南・北「アメリカ」大陸の名前は、その後アメリゴ・ヴェスプッチ（彼もイタリア人探検家です）が渡航《とこう》したことによってつけられたと言われていますが（実は、これを疑問視する説もあります）、コロンブスの名前も、南米「コロンビア」の国名として残っています。

さらに「コロンブスの交換《こうかん》」と言われるように、アメリカ大陸とヨーロッパ大陸とが交流することによって、お互《たが》いの地域にある動植物がもたらされるようになりました。アメリカからヨーロッパに渡った動植物としては、トウモロコシやトウガラシ、ジャガイモ、トマト、カカオ、タバコ、七面鳥などがありました。また、ヨーロッパからアメリカにもたらされたものには、馬・牛・羊などの家畜《かちく》や小麦、サトウキビ、車輪や鉄器などがあり、それとともにキリスト教もアメリカに伝わりました。

イタリアのトマト料理や韓国《かんこく》のキムチ料理も、この「コロンブスの交換」によってもたらされたものです。現代にいたるまで、私たちの食生活を豊かにしてくれた「発見」だったのですね。

一方、交流によってもたらされたものの中には、負の側面もありました。例えば、伝染病もそうです。アメリカには天然痘《てんねんとう》、ペスト、インフルエンザが伝わり、ヨーロッパには（性感染症である）梅毒《ばいどく》が入ってきました。

また、スペインやポルトガル、それに続くオランダは、大西洋やインド洋への航路や未知の地域を開拓・征服し、自分たちの支配下に置く植民地化を進めました。

それが、コロンブスの交換などにつながり、商業活動も地球規模で行われるようになりました。しかし、その一方で、過酷《かこく》な強制労働を強いられた先住民が犠牲《ぎせい》になって人口が著しく減少したり、キリスト教布教の名目で征服《せいふく》を繰り返したりした結果、マヤ、アステカ、インカ帝国《ていこく》のすぐれた文明まで滅亡《めつぼう》に追いやられました。

ヨーロッパの大航海時代とは、そういう時代だったのです。

中国の「大航海時代」

しかし、それより一〇〇年も前に、中国に「大航海時代」があったことはご存じですか。

一五世紀初め、中国は「明《みん》」の時代のことです。日本史でいうと、室町時代に足《あし》利義満《かがよしみつ》が、日明貿易（勘合《かんごう》貿易）を始めた頃《ころ》に当たります。明の皇帝《こうてい》である永楽帝《えいらくてい》が、海外との貿易を進めるためにインド洋を中心に遠征隊を派遣したのです。南海（諸国）遠征と言われるこの活動は、一四〇五年から始まり、三三年の間に七回実施されました（七回目だけは宣徳帝《せんとくてい》の時代）。

南海とは、中国から見て南にある東南アジアのことを指します。しかし、この遠征隊は、東南アジアだけでなく、インド南岸や西アジア、ついにはアラビア半島のメッカやアフリカ東岸のマリンディにまで達するという壮大《そうだい》なものでした。遠征地は三〇か国以上にのぼると言われています。

史上最大の木造船「宝船」と三〇〇隻の船団

これだけ広範囲に及ぶ地域を開拓していったのは、どんな遠征隊だったのでしょうか。

遠征隊が使用したのは「宝船《ほうせん》」という木造船だったと言われています。大きさには諸説ありますが、最大のもので全長一二〇メートル、幅《はば》五〇メートル以上、九本の帆柱《ほばしら》と四六〇〇平方メートルの甲板《かんぱん》を備えていたそうです。コロンブスが新大陸に到達したサンタ＝マリア号の全長は二五メートルほどで、帆柱も三本でしたから、

鄭和の宝船とサンタ＝マリア号の比較

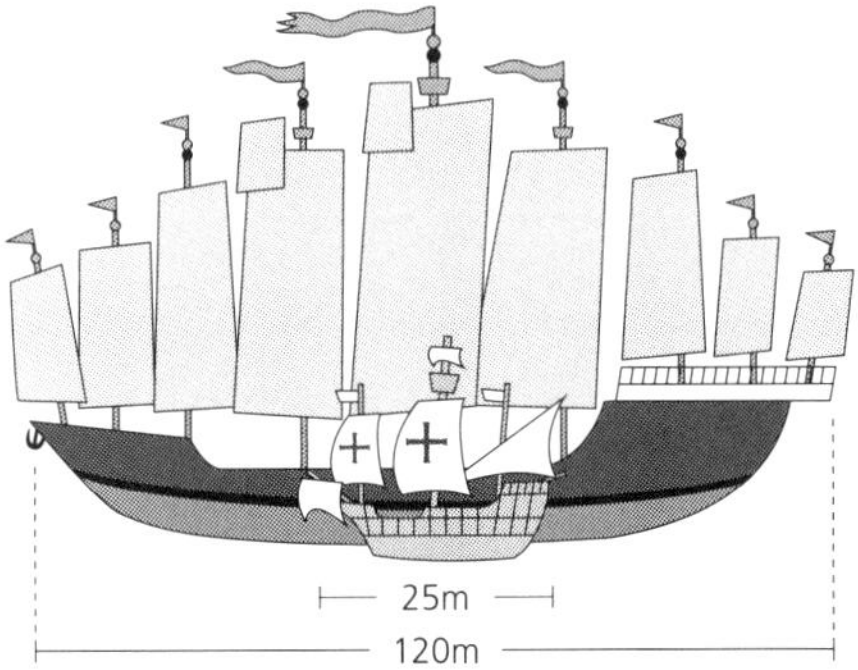

「グローバルワイド最新世界史図表」（第一学習社）をもとに作成

宝船はその何倍もある大型船だったということがわかります。

当時の史料によると、第一回の遠征では、およそ二万七〇〇〇人にのぼる船員や兵士、七人の皇帝の代理人、数百人にのぼる官吏《かんり》（役人）、一八〇人の医師、陰陽師《おんみょうじ》、鍛冶《かじ》職人、船大工、料理人、商人、通訳などが、六二隻の宝船に乗り組みました。さらに、護衛船として、全長一一〇メートルの最速船「馬船」、八五メートルの食糧《しょくりょう》補給船「糧船《りょうせん》」、七〇メートルの兵員輸送船、五五メートルの戦闘用「ジャンク船」（中国の帆船《はんせん》）が随行《ずいこう》したそうです。船の数は全部で三〇〇隻《せき》を超《こ》える規模でした。

この史上最大の貿易船隊を指揮したのが、鄭和という人物だったのです。

移民三世のイスラム教徒

鄭和は、一三七一年に中国の雲南省《うんなんしょう》昆陽《こんよう》で生まれました。といっても、彼の家族は祖父の代に中央アジアから中国に渡ってきた外国人で、「色目人《しきもくじん》」（諸種族に属する者）と言われた移民でした。つまり、鄭和自身は移民三世。しかもイスラム教徒（ムスリム）で、幼少時の名前は馬和といいました。「馬」は、中国に移住したイスラム教徒が名乗る一般的《いっぱんてき》な姓《せい》で、イスラム教の開祖であるムハンマドの音を漢字に置き換《か》えたところからとったものだと言われています。「鄭」はのちに明の永楽帝から賜《たまわ》った名前です。

雲南省は現在の中国の最西南部にあたり、チベット自治区や、ベトナム、ラオス、ミャンマーなどと国境を接しています。当時から、モンゴル高原、チベット、ビルマ地方を結ぶ軍事上の要地でした。

鄭和が生まれた頃、この地方はまだ、フビライ・ハンの末裔《まつえい》による元の支配が続いていました。世界史が苦手だという人でも、日本史で「元寇《げんこう》」という出来事を習った記憶はあるのではないでしょうか。チンギス・ハンの孫フビライが、一三世紀後半（日本では鎌倉《かまくら》時代）に元軍を率いて二度にわたって九州地方に襲来《しゅうらい》したという事件です。モンゴル人がユーラシア大陸に築いた一大帝国が元で、その支配をさらに極東の日本にまで広げようとしていたのでした。結果は、二度とも暴風雨などの影響で失敗に終わりましたが。

明に捕えられ、宦官となる

しかしその元も、鄭和が生まれた一四世紀後半には衰退《すいたい》の一途《いっと》をたどっていました。代わって中国の明軍が勢力を巻き返し、元軍を破って失地回復を着々と進めていたのです。雲南は明に征服され、当時一二歳だった鄭和は明軍の捕虜《ほりょ》となりました。そして、明の首都南京《ナンキン》に送られた後、（かつて元の首都だった）北京《ペキン》に移動させられ、のちに永楽帝となる燕王《えんおう》につかえました。

このとき、すでに鄭和は宦官《かんがん》となっていました。宦官とは、去勢された男性のことで、中国では被征服民のうち美少年を宦官にするのが古くからの慣わしでした。中国（明）から見れば、雲南の地は、（中国の大半を占《し》める漢民族の）敵であるモンゴル人を助けた外国人＝色目人が多く住む地域。その色目人の種族を絶やすために、明が雲南を征服した際に多くの色目人の青少年たちが宦官にされたと考えられています。鄭和もそのうちの一人でしたが、宦官となることはその人の人生にとって闇《やみ》の部分でもあり、詳《くわ》しいことはわかっていません。ただ、鄭和についての記述がある数少ない史料のひとつ、中国の『古今識鑑《ここんしきかん》』には、「身長は九尺で、腰回りは一〇囲、顔は四角ばっていて鼻は小さいが、大変な貴相である。眉目《びもく》は秀麗《しゅうれい》であり、耳は白くて長く、歯は貝を連ねたようであり、虎《とら》のように歩み、その声は宏《こう》亮《りょう》としている」（『鄭和の南海大遠征』宮崎正勝著　中公新書）と書かれています。九尺は今で言うと一八〇センチほどですが、言い伝えでは身長は二メートルを超え、腰回りも一五〇センチもあり、声は大鐘《おおがね》のように大きかったとする説もあります。

いずれにしても、鄭和は美少年というより、堂々とした体格の持ち主だったのは間違いないようです。

明のクーデターで功績が認められる

鄭和が南海大遠征の任につくことになったのは、明の王室の内紛がきっかけでした。靖難《せいなん》の役《えき》（一三九九〜一四〇二年）と呼ばれるこのクーデターは、明の第二代皇帝の建文帝《けんぶんてい》が、一族や諸王の領地を没収《ぼっしゅう》するという抑圧《よくあつ》的な政策をとったため、叔父《おじ》の燕王（のちの永楽帝）が起こしたものです。燕王は「君側の奸《かん》を除き、帝室《ていしつ》の難を靖《やす》んず」（主君の側の悪を取り除き、帝室の難をのがれ平安をもたらすという意味）と唱えて、建文帝から帝位《ていい》を奪い取り、永楽帝として即位《そくい》します。そして、北京に紫禁城《しきんじょう》を造営して、南京から遷都《せんと》したのです。

このクーデターで、燕王の側近として活躍《かつやく》し、軍功をあげたのが鄭和だったのです。燕王が永楽帝として即位した二年後の一四〇四年に、「鄭」という姓を授けられました。鄭和三四歳のときでした。中国では、皇帝が臣下に姓を授けることはありましたが、宦官に授けることはまれなことだったといいます。なぜなら、宦官は去勢によって人格を否定された、皇帝の召使《めしつかい》という立場だったからです。このことから、いかに鄭和が永楽帝のもとで軍功をあげ、皇帝と強い信頼《しんらい》関係で結ばれるようになったかということがわかります。

鄭和はまた、宮廷《きゅうてい》の役所のうち、さまざまな物資の調達をし、土木・建築工事などにもたずさわる「内官監《ないかんかん》」で働いていましたが、ここでも役所のトップにあたる太監《たいかん》（長官）の地位につきました。

皇帝との間の、こうした信頼関係から生まれたのが、南海大遠征の任でした。

朝貢貿易と勢力拡大

鄭和が皇帝から南海大遠征の大艦隊の司令官に任命されたのは、翌一四〇五年のことでした。

艦隊の航海路

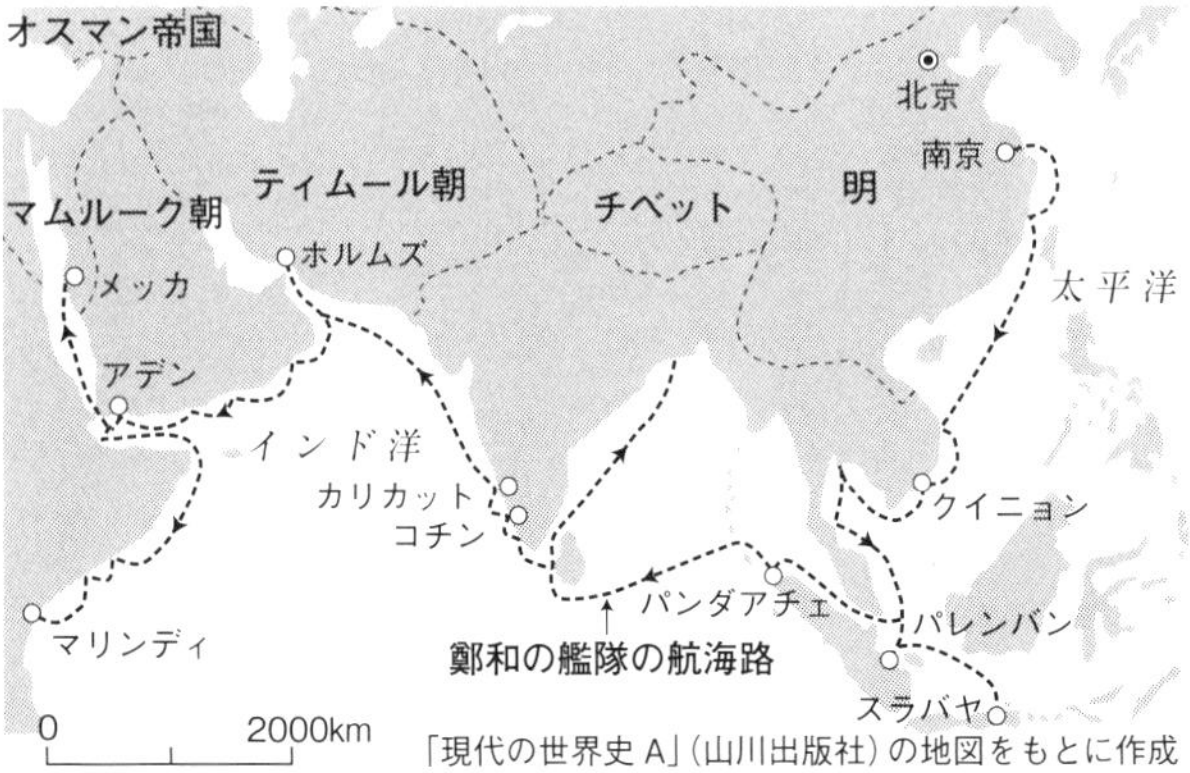

「現代の世界史A」(山川出版社)の地図をもとに作成

永楽帝は、海上貿易の面では、民間商人の海外渡航を禁止するという従来の方針を踏襲《とうしゅう》する一方、朝貢《ちょうこう》貿易の拡大を目指しました。朝貢とは、中国の皇帝に対して文字通り貢物《みつぎもの》を贈《おく》る代わりに、返礼品とともに位階や称号《しょうごう》などを中国の皇帝から授かって、形式的に君主と臣下の関係を結ぶ形態をいいます。つまり、中国が上の立場で、それに周辺諸国が従うことで国際秩序《ちつじょ》の安定を図ろうというのです。こうした体制のことを「冊封《さくほう》体制」といいます。朝貢国の指導者にとっては、位階や称号を授かることによって、中国の皇帝の権威《けんい》を借りて国内で君臨することができますし、中国からの返礼品は大きな利益となったので、朝貢の回数を増やすことを望みました。しかし中国は、回数や滞在《たいざい》日数、経路と場所、貿易品目などに制限を設けることで、特定の国との関係に偏《かたよ》らない姿勢をとる一方、朝貢国を増やして勢力を拡大しようともくろんでいたのです。

前述のように、第一回の遠征では、司令官鄭和の下、およそ二万七〇〇〇人以上の乗組員が六二隻の宝船に乗り組み、随行船も含め三〇〇隻を超える規模の大艦隊を組んで、一四〇五年冬に南京を出発しました。

この大艦隊には、交易という経済的な目的だけではなく、未知の世界の探検・開拓や外交という任務があったので、船には中国産の絹や陶磁器《とうじき》、銅貨、香辛料などがたくさん積み込まれていました。最終目的地はインド西部のマラバル海岸。一行は、ベトナムのクイニョン→インドネシアのジャワ島スラバヤ→スマトラ島パレンバン→マラッカ海峡→スマトラ島パンダアチェ→スリランカのガル、という航路を進み、インドのマラバル海岸コジコーデ（カリカット）に到達しました。インドまでの航海はおよそ一万キロ。一日平均八〇キロほどを進んでいき、遠征期間は推定で一年八か月程度だと考えられています。

本物のキリンが中国にやって来た！

第一～三回の航海の目的地はカリカットでしたが、第四回以降はさらに西へ勢力拡大を図りました。

第四回の遠征（一四一三～一五年）では、カリカットからアラビア海を横断して、ペルシャ湾の入り口ホルムズに到達。当時ホルムズは、インドや東アフリカなどを結ぶ交易の拠点《きょてん》で、ここではおよそ一八の国々が中国（明）に朝貢品と使節を送りました。さらに遠征隊はアラビア半島のアデンなどを経て、アフリカ東岸のマリンディに達しました。この地域には古くから、象牙《ぞうげ》や金などを求めるイスラム教徒の商人が住み、多くの港市《こうし》が造られていました。鄭和の訪問により、そうした港市の支配者も明へ使節派遣を行いました。

永楽帝の外交方針は、「往復外交」という形をとりました。鄭和（明）から各国・地域の王や支配者に対しては、永楽帝の勅書《ちょくしょ》と絹織物などを贈ります。朝貢に同意した各国・地域は、貢物と使者（使節）を鄭和の艦隊に同行させ、中国に向かいました。そして各国・地域の使節は、数年間中国に滞在したあと、次の鄭和の遠征のときに一緒《いっしょ》に宝船に乗って帰国したのです。そのため、遠征の間隔《かんかく》も、第六回まではおよそ二年程度でした。

第四回の遠征では、マリンディの使節がキリンを貢物として中国に贈りました。「キリン」はアフリカのソマリ語で首の長い草食動物を指す名前でしたが、中国では「瑞祥《ずいしょう》」つまりおめでたい出来事を象徴《しょうちょう》する伝説の動物だと考えられていました。漢字で「麒麟」と書く伝説上の動物と同じ音（qílín）の名前をもつ珍獣《ちんじゅう》がもたらされたことは、時の永楽帝を大いに喜ばせました。永楽帝にとって、自分の治世は理想的な世の中に違いないという確信につながったのです。（※貢物のキリンに関しては、資料によって、第四回遠征としているものと、第五回遠征としているものがあります。ここでは、『鄭和の南海大遠征』に従いました。）

その後、第五〜七回の航海でも、鄭和の艦隊は、ホルムズからアラビア半島を経て、アフリカ東海岸の港市を最終目的地としました。第五回の遠征では、アラビア半島のアデンのスルタン（君主）からも、シマウマ、ライオン、ダチョウなどの珍獣を贈られています。

マラッカ海峡の華僑を平定

鄭和は、最後の南海大遠征の帰路でこの世を去り、海に葬《ほうむ》られたとされています。全部で七回に及んだこの大遠征ですが、もちろん、鄭和の行く先々でさまざまな出来事がありましたし、中には現地の内紛に巻き込まれたこともありました。

第一回の航海を見てみましょう。遠征の前半に寄港したジャワ島では、当時、東王と西王の間で、王位をめぐる激しい争いが続いていました。ジャワ島に立ち寄った鄭和の船が、東王の勢力範囲に停泊していたところ、西王の軍による攻撃《こうげき》に巻き込まれて一七〇人の随行兵士が犠牲になるという事態となりました。ジャワ島は良質の胡椒《こしょう》の産地として有名で、古くから中国との関係も深く、この頃から華僑《かきょう》の人たちが住んでいて、中国の貨幣《かへい》＝銅銭も流通していました。明とも強い結びつきがあった地域です。そのため、西王はこの事態を深く詫《わ》びて、謝罪のための使いを鄭和に同行させたのです。結局、黄金一万両の賠償《ばいしょう》で永楽帝から許しを得た西王は、その後毎年、明に朝貢の使節を送りました。

次に寄港したスマトラ島のパレンバンは、密貿易を行う中国人商人の拠点となっていました。そこでも華僑有力者同士の対立が深刻で、鄭和は支援《しえん》を求めてきた側の味方につくことにしました。そして、対立していた側に皇帝の詔《みことのり》に従うように、つまり密貿易はやめるように命令しました。しかし、相手はこれを受け入れず、鄭和の艦隊を攻撃。本格的な戦闘となったのです。結果は、大艦隊を率いた鄭和の勝利。マラッカ海峡で海賊行為《かいぞくこうい》を繰り返し、海上交通を妨《さまた》げてきた華僑たちを明に服属させ、海のネットワークの安定を図ることに成功しました。

寛大な措置をとった永楽帝

インドの南に位置するセイロン島。現在はスリランカという名称の国家ですが、つい数年前（二〇〇九年）まで、この小さな島を舞台《ぶたい》に民族対立による内戦が続いていました。実は、鄭和がこの地を訪れた一五世紀初頭にも、北部に住むヒンズー教徒のタミル人と、王国を形成していた仏教徒のシンハラ人との対立があり、またシンハラ人同士のにらみ合いもあって、セイロンは不安定な状態でした。

鄭和が第三回の遠征の帰路でセイロン島に寄港したときのことです（一四一一年）。他国からの来訪者を好まない仏教徒の王が、金銀などの財宝を献上《けんじょう》すると言って鄭和たち一行をおびき寄せ、その間に鄭和の艦隊を攻撃しました。その軍隊の数は五万人と言われています。一方、鄭和は二〇〇〇人の兵士を率いて王宮に攻《せ》め込み、王とその一族を捕《とら》えました。

王は鄭和によって明に連行されました。しかし永楽帝は、鄭和とその部下たちには戦勝の褒美《ほうび》を授け、王はセイロンに帰国させるという実に寛大《かんだい》な措置をとりました。この永楽帝の判断が功を奏し、以後セイロンでは、王族の正統で賢者《けんじゃ》としての誉《ほまれ》が高かったシンハラ人が王位につき、明との協調路線を強めていきました。セイロンの安定は、すなわち鄭和たちの遠征の安定でもあったのです。

時代の先端をいく鄭和の思想

鄭和が南海大遠征の司令官に任命された理由のひとつとして、彼が中央アジアからの移民の一族であり、イスラム教徒だったことが考えられます。遠征隊の目指した地域は、中国とは民族や文化の異なる地域。当時の中央、西アジアは、ティムール帝国というイスラム王朝でしたし、キリスト教や仏教をはじめ、さまざまな宗教の信者が各地で暮らしていました。実際、永楽帝に見込まれた鄭和も、寛容《かんよう》な考え方の持ち主で、その生い立ちからも異質なものを受け入れる度量を備えていました。それはやはりイスラム教徒だった父親の影響も大きかったようです。

鄭和の父親は、明軍が元の支配下にあった雲南を征服し鄭和が捕虜になったときに、戦いの犠牲となりました。鄭和は、第一回の航海に先立ち、出発の一か月前に故郷の雲南省に帰って、父親が眠《ねむ》る場所に墓誌を刻んだ石碑《せきひ》を建てたのです。

その墓誌には、父親が権力にも地位にも執着《しゅうちゃく》しない人物であったことや、平凡《へいぼん》な人生に満足していたこと、しかし頑《かたく》なまでに勇敢《ゆうかん》で決断力があり、「未亡人や孤児《こじ》、身寄りのない者など幸薄《うす》い人に出会うと、必ず保護と援助の手を差し伸《の》べるのだった」「生まれながらに…とりわけ善行を好む人がもつ高潔さ」を持っていたことが刻まれているといいます。（「ナショナルジオグラフィック 日本版」二〇〇五年七月号）

さらに、一九一一年にセイロン島で発見された石碑からも、鄭和の人となりがうかがえます。この石碑は、一四一〇年に鄭和がセイロン南部の港町ドンドラ岬《みさき》に建立したもの。中国語、タミル語、ペルシャ語の三つの言語で刻まれていて、それぞれが、ブッダ（仏教）、シバ（シヴァ）神（ヒンズー教）、アッラー（イスラム教）に捧《ささ》げられる形をとっていました。そこには、彼らの慈悲《じひ》と徳に感謝し、航海での加護を祈《いの》ること。セイロンにあった三つの宗教それぞれの寺院に、金銀、絹織物などの高価な品を同じように寄進することなどが記録されていたといいます。民族や宗教に関係なく、鄭和はすべての人々と平等に接することを旨《むね》としていたのですね。

当時、アジアの各地ではブッダやシバ神、アラー（アッラー）の名のもとに、人殺しなど残忍《ざんにん》な行為が横行していたし、ヨーロッパでは宗教裁判が最盛期を迎《むか》え、数千人ものイスラム教徒やユダヤ人が火あぶりの刑に処せられていた。当時の狂信《きょうしん》的な行動や、それに似た現代の状況を考えると、ドンドラ岬に建てられた石碑は、宗教を超えた普遍《ふへん》的な内容で、（鄭和は）時代をはるかに先取りしていたといえる。（「ナショナルジオグラフィック　日本版」二〇〇五年七月号）

最後の第七回遠征の途中《とちゅう》で、鄭和は部下をイスラム教の聖地メッカに派遣していました。イスラム教徒にとって、生涯《しょうがい》のうちに一度はメッカ巡礼《じゅんれい》を果たすことが好ましいとされていますが、巡礼の中心であるカーバ神殿《しんでん》は、現在と同じように祈りを捧げる人たちでいっぱいだったという部下の報告を、鄭和は受けています。大艦隊を率いる責任者であった鄭和自らがメッカに赴《おもむ》くことはできなかったのでしょうが、イスラム教徒としての信仰《しんこう》心や敬愛する父親への思いがそうさせたのでしょう。

ヨーロッパに先んずること一〇〇年。中国からアフリカまでの航路を開拓し、海のネットワークを安定させるために、朝貢国の内紛までもおさめた鄭和の功績は素晴らしいものでした。現在の中国は、この鄭和が築いた大航海時代を再びよみがえらせたい、と考えています。しかし、その思想や方法は、当時の鄭和の姿勢とはだいぶ様相を異にしているようです。

第2章

「オスマン帝国」が中東問題のキーワード

民族紛争の背景にはオスマン帝国があった

ウクライナ問題もイラク問題も

二〇一四年三月、東欧《とうおう》のウクライナからの「独立宣言」をしたクリミア半島は、ロシアへの編入を決議。ロシアのプーチン大統領は、これを受けてクリミアのロシアへの「編入」を認めました。これに対し、欧米《おうべい》諸国は編入を無効だとしてロシアに経済制裁を科しました。まるで「新しい冷戦」のようだと言われるようになってしまいました。

多くのロシア人にとって、クリミア半島には特別な思いがあります。かつての「クリミア戦争」で、ロシアはオスマン帝国《ていこく》とクリミア半島を奪《うば》い合い、多大な犠牲《ぎせい》者を出したからです。そのクリミアが、ソ連崩壊《ほうかい》後、ウクライナのものになってしまった。やっとの思いで取り戻《もど》した、というわけなのです。

二〇一四年八月、アメリカが再びイラクで空爆《くうばく》を実施《じっし》しました。イラク国内で、「イスラム国」を名乗るイスラム過激派が勢力を伸《の》ばし、クルド人自治区への攻勢《こうせい》を強めたからです。この過激派は、オスマン帝国がほろびたあと、廃《はい》止《し》された「カリフ制」の復活を宣言し、イラクからシリアにまたがる地域を自国の領土だと主張しています。イラクやシリアの国境は、オスマン帝国崩壊後にイギリスとフランスが定めたもの。そんな国際秩序《ちつじょ》に真っ向から対決し、独自の国家・国境を制定しようとしています。

ウクライナ問題でもイラク問題でも、共通して出てくるキーワードは「オスマン帝国」です。

二〇一〇年のギリシャ財政危機から発生したユーロ危機では、ギリシャ人の納税意識の低さが話題になりました。このときギリシャ人たちは、かつてオス

クリミア半島をめぐる国々

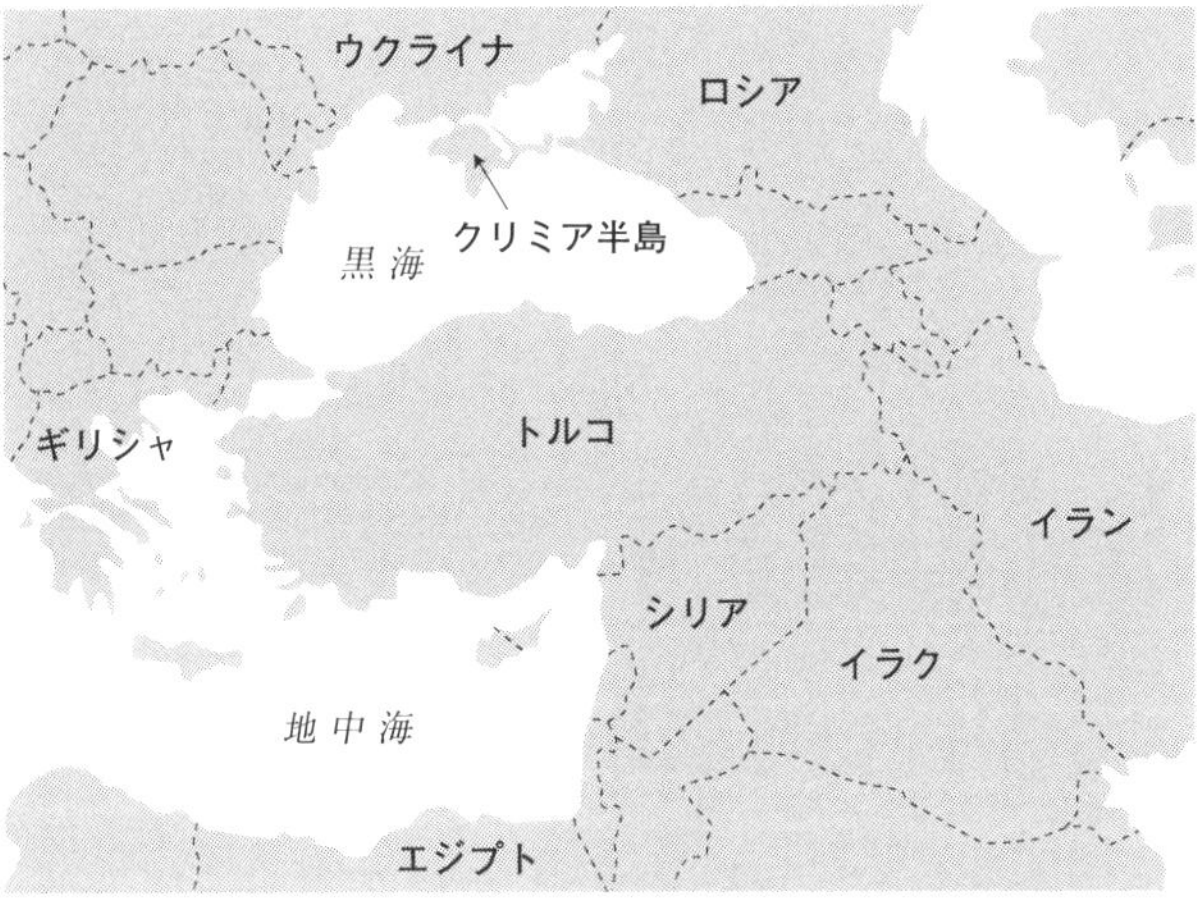

www.neurope.eu の地図などを参考に作成

マン帝国に支配されていたとき、抵抗《ていこう》運動として税金を納めない運動を展開した名残りだと主張しました。それが事実かどうか定かではありませんが、ここでもオスマン帝国の名が顔を出したのです。

第一次世界大戦から一〇〇年

二〇一四年は第一次世界大戦から一〇〇年です。ニュースでも大きく取り上げられました。

どんな戦争だったかは、のちほど取り上げますが、この戦争では、オスマン帝国が、ロシアと対戦するオーストリアやドイツの味方をします。オスマン帝国は、クリミア戦争などでロシアと敵対してきました。そんな敵であるロシアの敵になったドイツ、オーストリアの味方をしたのです。「敵の敵は味方」というわけです。

しかし、この戦争の結果、オスマン帝国は崩壊することになり、オスマン帝国の領土は、イギリスとフランスが〝山分け〟。これが現在につながる中東各地の諸問題を引き起こすきっかけになりました。ここでも出てきたのはオスマン帝国でした。

「文明の断層線」で紛争が発生

現代世界で生起《せいき》するさまざまな紛争。この多くに、「オスマン帝国崩壊後」というキーワードが出てきます。

バルカン半島では、東西冷戦後、旧ユーゴスラビアの内戦が発生しました。イスラム世界のオスマン帝国と東方正教会系のセルビア正教、それにオーストリア＝ハンガリー帝国のカトリックの影響《えいきょう》を複雑に受けてきたバルカン半島は、ソ連による締《し》め付けがなくなった途端《とたん》、血で血を洗う泥沼《どろぬま》の内戦になったのです。

また、バルカン半島のみならず、とりわけ中東では、オスマン帝国が第一次世界大戦で敗北。帝国が崩壊した後の領土で、数多くの紛争が引き起こされています。

歴史家サミュエル・ハンチントンは、著書『文明の衝突』(鈴木主税《すずきちから》訳　集英社)の中で、文明と文明の「断層線」で大規模な戦争が起きる可能性を指摘《してき》しました。

部族戦争や民族的対立は文明の内部でも起こるだろう。しかし、文明の異なる国家やグループのあいだで暴力闘争《とうそう》が起これば、それはエスカレートする可能性がある。同じ文明に属する他の国家やグループが力を合わせて「同類国」を支援《しえん》するからである。

ソマリアで部族同士が衝突《しょうとつ》してもルワンダで民族衝突が起きても、影響は国内に留まるが、「ボスニアで文明が激しく衝突すれば、カフカス(コーカサス)山脈地方や中央アジアあるいはカシミール地方を巻き込む大規模な戦争に発展する恐《おそ》れがある」というのです。

イデオロギーや歴史的な事情から統一されていても、異なる文明に属する社会はソ連やユーゴスラヴィアやボスニアのように分裂《ぶんれつ》するか、ウクライナやナイジェリア、スーダン、インド、スリランカなど多くの国々のように激しい緊張《きんちょう》にさらされる。

こうした「断層線」を歴史的に作り出した国家のひとつが、オスマン帝国だったのです。

オスマン帝国って何だろう

増田ユリヤ

六〇〇年続いた一大帝国

「オスマン帝国」という名前を、なんとなく聞いたことがあるけれど、どんな国か、いつの時代のことかわからない、という方も多いのではないでしょうか。もしかしたら「オスマン・トルコ」と習った方もいらっしゃるかもしれません。

オスマン帝国は、一三世紀末から二〇世紀の第一次世界大戦が終わるまで、六〇〇年も続いた一大帝国です。建国したのはトルコ人。場所は小アジアを中心とした地域です。小アジアはアナトリアとも言われます。地図で確認してみましょう。

小アジアは、現在のトルコ共和国のあたりを指します。黒海、エーゲ海、地中海に囲まれた地域で、アジアの最西端《さいせいたん》に位置しています。ボスポラス海峡《かいきょう》を挟《はさ》んだ対岸には、現在のイスタンブール（イスタンブル）があり、エーゲ海の向こう側はギリシャです。アジアとヨーロッパ、つまりシルクロードに代表される東西文化の交流の場として古くから栄えてきた場所だということがわかりますね。

もう少し時代をさかのぼって見てみましょう。地中海を囲んだ地域一帯は、現在のイギリスもフランスもスペインも、北アフリカ沿岸地域やエジプトも、すべて古代ローマ帝国だったのです。古代ローマ帝国は、紀元前一世紀末から四〇〇年も続きましたが、四世紀末に東西ローマに分裂。西ローマ帝国は、いわゆる「ゲルマン人の大移動」の影響で五世紀後半に滅《ほろ》びてしまい、ゲルマン人による諸国家乱立の時代となります。

一方の「東ローマ帝国」は、一五世紀にオスマン帝国に滅ぼされるまで続きます。東ローマ帝国は「ビザンツ帝国」とも言われます。呼称《こしょう》が二つあるという時点で世界史がイヤになってしまう方も多いと思いますが、この地域の、この時代の勉強が

16〜17世紀の領域最大時のオスマン帝国(■の部分)

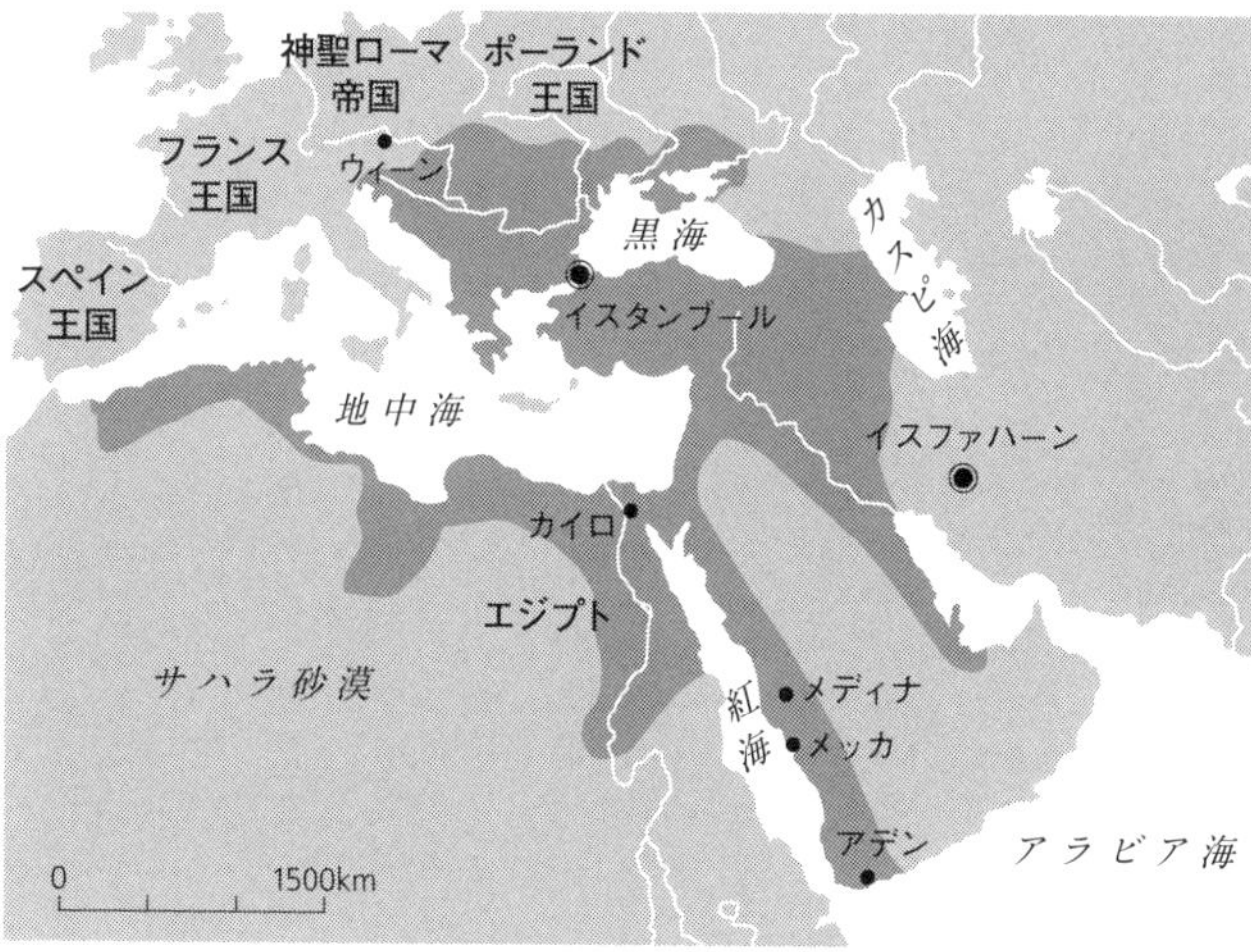

「グローバルワイド　最新世界史図表　新版」(第一学習社)などをもとに作成

イヤになってしまうもうひとつの理由が、ビザンツ帝国の名前の由来ともなっている都市「ビザンティウム」の名称《めいしょう》の変化でしょう。古代ローマ帝国末期のコンスタンティヌス帝《てい》が、首都をローマからこのビザンティウムに遷都《せんと》し、自分の名前をとって「コンスタンティノープル」と名前を変えたのです。このコンスタンティノープルが、現在の「イスタンブール」。イスタンブールとなったのは、オスマン帝国がビザンツ帝国を滅ぼして、そのときに首都の名前を変えたからなんです。

つまり、同じ都市が名前を変えただけなんですね。

ビザンティウム（旧名）→コンスタンティノープル（古代ローマ帝国とビザンツ帝国の首都）→イスタンブール（オスマン帝国の首都）

ちなみに、イスタンブールの語源には諸説ありますが、ギリシャ語のアイス・テン・ポリ（町へ、という意味）がトルコ語のイス・ティン・ポリンに転訛《てんか》したと言われています。

周辺の都市と比べると、イスタンブールは非常に大きな町だったからです。しかし実際には「コンスタンティニエ」（トルコ語）の名称が、二〇世紀初頭（青年トルコ革命の頃《ころ》）まで公式文書や貨幣《かへい》の刻印に使われていました。

ちょっとしつこかったかもしれませんが、この後、一九世紀後半の帝国主義から第一次世界大戦終結後の時代の話にも関係してきますので、頭の中を整理しておいてくださいね。

オスマン帝国のなりたち（一三世紀末～一六世紀初め）

オスマン帝国は、一二九九年にオスマン一世によって小アジアの地に建国されました。

オスマン一世はトルコ人です。トルコ人は、もともとモンゴル高原の遊牧民。その一派であるウイグル人が九世紀の中頃にモンゴルから中央アジアに移住し、この地域がトルキスタン（トルコ人の住む地域）と呼ばれるようになりました。シルクロードで有名な敦煌《とんこう》やサマルカンドといった都市も、この地域にあります。

当時は、アラビア半島を中心にイスラム王朝が東西に勢力を伸ばしていた頃で、その影響から中央アジアのトルコ人もイスラム教徒となり、さらに西アジア方面に進出していきました。そして、一一世紀から一二世紀頃に小アジア（アナトリア）に定住するようになったのです。

建国当初のオスマン帝国は小アジアの西北端にある小さな国でしたが、オスマン一世は、ビザンツ帝国と戦って領域を拡大し、オスマン帝国の基礎《きそ》を築きました。その後オスマン帝国は、一四五三年にビザンツの首都コンスタンティノープルを占領《せんりょう》し、ビザンツ帝国を滅ぼしました。その勢いに乗じて、セルビア、ギリシャ、ワラキア（現ルーマニア）、アルバニアと、バルカン半島の大部分を征服《せいふく》し、クリミア半島も攻略《こうりゃく》。一五一七年にはシリア、エジプトを占領して、イスラムの聖地であるメッカとメディナを庇護《ひご》の下に置きます。シリア獲得《かくとく》で、エルサレムも支配下に入っています。こうして、黒海、エーゲ海、地中海東岸から南岸に広がる巨大《きょだい》な帝国を築き上げたのです。

一四五三年、キリスト教の国、ビザンツ帝国を滅ぼす

オスマン帝国がビザンツ帝国を滅ぼした一四五三年という年は、世界史を理解する上で非常に重要な年です。

四世紀末に古代ローマ帝国が東西に分裂したあと、東ローマ＝ビザンツ帝国は、実に一〇〇〇年以上も続いたのです。ビザンツ帝国はもとより、ヨーロッパはキリスト教の国。七世紀初めにムハンマドによってイスラム教が誕生したあと、アラビア半島を中心にイスラム帝国が北アフリカや中央アジア地域を征服し、領土を拡大していく中で、ビザンツ帝国はヨーロッパへの異教徒（イスラム教徒）の侵入《しんにゅう》を防ぐ防波堤《ぼうはてい》の役割をした、と言われています。その防波堤がなくなってしまったのですから、ヨーロッパの人たちはどれほどの脅威《きょうい》をおぼえたことでしょう。東西文化の交流点でもあり、ローマ時代の遺産にも恵《めぐ》まれたビザンツ帝国の文化と文明は、ヨーロッパの人々の憧《あこが》れでもあったといいます。フォークやナイフを使って食事をする作法も、ビザンツ帝国から入ってきたものです。こうした意味でも、その存在

の大きさは当時の人たちにとって、計り知れないものでした。

また、この一四五三年は、イギリスとフランスによる「百年戦争」が終わった年でもあります。

百年戦争は、イギリス王が自分の母親がフランス出身だったことから、フランスの王位継承《けいしょう》権を主張してフランスと対立したのがきっかけで、開戦にいたりました。途中、黒死病（ペスト）が流行して休戦状態になったこともありましたが、戦局はイギリスが優位に進めていました。

ところが、フランスに「フランスを救え」という神のお告げを聞いたという少女ジャンヌ・ダルクが登場してから戦局が一転、フランスの勝利で戦争が終結しました。以後、イギリスもフランスもそれぞれ国王を中心とした政治が行われるようになります。

その後、一五世紀末になると、イスラム王朝に支配されていたイベリア半島に、スペイン王国が成立。この時代「神聖ローマ帝国」と呼ばれていたドイツでも、ハプスブルク家（のちにフランスの王妃《おうひ》マリー・アントワネットを輩出《はいしゅつ》したオーストリアの王家。婚姻《こんいん》によって王家を拡大していきました）出身のマクシミリアン一世が皇帝《こうてい》の地位につき、王家としての基礎を築くなど、ヨーロッパは「絶対王政」の時代に突入《とつにゅう》していきました。

ビザンツ帝国という防波堤がなくなっても、各国が王を中心に国固めに入る時期と重なったことが、ヨーロッパへのイスラム勢力侵入の歯止めとなったのです。

インド航路の発見はスペイン、ポルトガルのオスマン帝国対策だった！

絶対王政の始まりは、同時に大航海時代の始まりでもありました。もちろん、マルコ・ポーロの『世界の記述』（『東方見聞録』）によるアジアへの関心の高まりや、ルネサンスの三大発明（正しくは改良）のひとつである羅針盤《らしんばん》の実用化、航海技術の発達などがその背景に存在しました。

世界への進出にいち早く躍《おど》り出たのが、イベリア半島にあったスペインとポルトガルです。一五世紀末のコロンブスによる新大陸（西インド諸島）発見（到達《とうたつ》）をはじめ、マゼランとその部下による世界周航、バルトロメウ・ディアスのアフリカ南端（喜望峰《きぼうほう》）の発見とバスコ・ダ・ガマによるインドのカリカット到達など、この時代の歴史についてはご存じの方も多いのではないでしょうか。

では、なぜスペインやポルトガルは海を渡《わた》って、進出しようとしたのでしょうか。その理由のひとつが、実はオスマン帝国の存在だったのです。肉食だったヨーロッパの人たちがアジアへの関心を示したのは、肉の腐《くさ》り止めや臭《くさ》み消しの効果がある「香辛料《こうしんりょう》」を得るためでした。この香辛料を、アジアとヨーロッパを結ぶ東西の交易路を支配していたオスマン帝国からではなく、直接アジアと取引する方法はないかと考えたのです。

中でもバスコ・ダ・ガマ以降に開拓《かいたく》されたインド航路によって、ヨーロッパからアフリカ回りでインドへ直接渡れるようになりました。この結果、地中海の制海権（軍事・通商・航海を支配する権利）を握《にぎ》っていたオスマン帝国を経由せずとも、香辛料の取引が実現したのです。ポルトガルのリスボンでは、それまでの半値以下で胡椒《こしょう》が買えるようになったといいます。

オスマン帝国は宗教改革にも一役買った

大航海時代になると、ポルトガルのリスボンは世界商業の中心となりました。スペインはアメリカ大陸に進出してアステカ王国やインカ帝国を滅ぼし、植民活動を繰《く》り広げるようになりました。

同じころ、オスマン帝国も最盛期を迎《むか》えていました。この時のスルタン（イスラム世界でいう専制君主）は、皇帝スレイマン一世。四六年もの間、オスマン帝国のリーダーとして活躍《かつやく》した彼《かれ》の時代は、まさに帝国の「黄金期」でした。イランと戦ってバグダッド（現イラク）などを手に入れたスレイマン一世は、ハンガリー王を破り、東欧の大部分と西アジア、北アフリカを支配下におさめました。

そして、一五二九年、フランスと同盟を組んでオーストリアを包囲し、神聖ローマ皇帝カール五世はもとより、全ヨーロッパを脅《おびや》かしたのです。これが「第一次ウィーン包囲」と言われる事件です。寒波の襲来《しゅうらい》で撤退《てったい》を余儀《よぎ》なくされたオスマン軍でしたが、オスマン帝国の脅威をヨーロッパに知らしめるには十分な出来事でした。その後、スレイマン一世はスペインなどの連合艦隊《かんたい》を撃破《げきは》し、地中海の制海権を獲得します。

なぜウィーンを包囲したのか。ウィーンは、神聖ローマ帝国を構成する王国のひとつ、オーストリアの首都でもありました。オーストリアはハプスブルク家の領土です。一五世紀半ば以降、事実上このハプスブルク家が神聖ローマ帝国の皇帝を世《せ》襲《しゅう》したため、オスマン帝国はウィーンを陥落《かんらく》させようとしたのです。

ちょうどこの頃、神聖ローマ帝国では、マルティン・ルターによる宗教改革が始まっていました。贖宥状《しょくゆうじょう》（免罪符《めんざいふ》）＝罪のゆるしが得られたという証明書がさかんに販売《はんばい》されたことが原因となり、カトリック教会に対する批判と改革の運動が展開されたのです。皇帝カール五世はルターを厳しく弾圧《だんあつ》しましたが、オスマン帝国からの圧迫《あっぱく》に抗《あらが》っている間に、ルター派がどんどん広がり、反皇帝同盟が結成されました。これが「シュマルカルデン同盟」。第一次ウィーン包囲の翌年のことでした。結局、ルター派は容認され、カール五世は失意のうちに退位することになりました。カトリック教会の改革の波は、スイスやイギリス、オランダにも広がっていきました。

オスマン帝国の脅威は、宗教改革にも大きな影響を与えることになったのですね。

宗教も母語も民族の習慣も認めるゆるやかな支配

地図（七一ページ）を見ていただくとわかるように、スレイマン一世の時代のオスマン帝国は、古代ローマ帝国に勝るとも劣《おと》らないほど広範《こうはん》な地域を支配下におさめていました。現在のイランとモロッコを除いた中東の大部分がオスマン帝国だったのです。

領土が広くなれば統治が難しくなるのは世の常。民族や宗教による考え方の違《ちが》いが、しばしば問題が起こる原因となり、場合によっては戦争を引き起こすこともあります。

そうした問題を、オスマン帝国は、イスラム世界のスルタンであるスレイマン一世は、どのように回避《かいひ》したのでしょうか。

答えは、「それぞれの民族が信仰《しんこう》する宗教や、話す言葉＝母語を認める」という方法です。

イスラムの聖典である『コーラン（クルアーン）』によれば、ユダヤ教もキリスト教も、唯一《ゆいいつ》の神の存在を信じる宗教という点において、イスラム教と同じだとしています。その教えが書かれているのが「啓典《けいてん》」、すなわち「聖書」です。ユダヤ教の聖書はいわゆる『旧約聖書』の最初の五編に当たる「モーセ五書」、キリスト教では『新約聖書』の「福音書」に当たります。同じ教えが書かれている「啓典」を信じているのだから、イスラム教徒とユダヤ教徒とキリスト教徒は同じ信仰の持ち主＝「啓典の民」だと考えるというのです。

ですから、オスマン帝国は、納税の義務さえ守ってくれれば、宗教も母語も民族の習慣も認めるというやり方をとったのです。このゆるやかな支配の方法が、オスマン帝国が長きにわたって続いた理由でした。

オスマン帝国がおさめた地域には、バルカン半島がありました。バルカン半島にある東欧諸国には、ギリシャ人、ルーマニア人、セルビア人、ブルガリア人、ハンガリー人などが住んでいました。彼らの宗教は、おもにキリスト教（東方正教会）ですが、それぞれ固有の母語や文化を持っています。バルカン半島という地理的な要因から、そこを通ってアジアとヨーロッパを行き来する人たちもいて、そうしたさまざまな人たちがこの地に留まるケースも増えていきました。

また、オスマン帝国には、キリスト教徒からの迫害《はくがい》を逃《のが》れてきたユダヤ人たちも暮らしていました。「十字軍」を知っていますか。一一世紀末に、キリスト教勢力が、聖地エルサレム（イェルサレム）をイスラム勢力から奪回《だっかい》することを目的に始まった活動です。広い意味で言うと、その後のイベリア半島を征服したイスラム勢力を一掃《いっそう》しようという「レコンキスタ」（国土回復運動）も十字軍の一連の活動だと考えられていますが、イスラム勢力の支配下にあったときには保護されていたユダヤ人たちが、レコンキスタによってキリスト教徒から迫害されるという状況《じょうきょう》が生まれてしまったのです。

それに加えて、アラビア半島に住むアラブ人や、北アフリカに住むベルベル人など、もともとのトルコ人以外の多種多様な民族が、一つの帝国の中に存在することになったのです。

紀元前六世紀の頃、西アジアの地域に一大帝国を築いたアケメネス朝ペルシャ（ペルシア）という国がありました。二〇〇年もの間続いたこの帝国の基礎を築いたのは、ダレイオス一世という人でした。自らはゾロアスター教（拝火教《はいかきょう》）の信者でしたが、支配下におさめた地域の民族の宗教には寛容《かんよう》な政策をとりました。

ゆるやかな支配が、安定した国家を作り出す。こうした歴史の繰り返しから、現代の私たちが学ぶべきことが多くありそうです。

オーストリアでコーヒーを飲み始めるきっかけにも

スレイマン一世の時代に最盛期を迎えたオスマン帝国でしたが、彼の死後、帝国は徐々《じょじょ》に衰退《すいたい》していきます。

その大きな分岐点《ぶんき》となったのは、一六八三年の「第二次ウィーン包囲」の失敗です。

一七世紀に入ると、オスマン帝国の北側にあったオーストリアとロシアが南下してきて、オスマン帝国を圧迫し始めました。そこでオスマン帝国は、一五万の大軍を率いてウィーンを包囲します。しかし、ポーランド王などの支援を受けたオーストリア軍に敗退。その後結ばれた条約で、ハンガリーを割譲《かつじょう》します。ロシアに対しても、一八世紀後半に黒海北岸を割譲することになり、クリミア半島に対する支配権を失いました。ヨーロッパの国々が国力を強めていく一方で、オスマン帝国は領土を縮小していくことになったのです。

しかし、オスマン帝国の侵攻《しんこう》がヨーロッパの文化に与えた影響もあります。例えば、コーヒー。一七世紀になると、それまで主要な取引の商品だった香辛料が珍《めずら》しいものでなくなったため、東西貿易の商品として人気を集めたのがコーヒーやお茶でした。お酒を飲むことが禁止されているイスラム教徒たちにとって、日常愛飲されていたのがコーヒー。「第二次ウィーン包囲」の際、オスマン軍がコーヒー豆を大量に残して撤退したことが、オーストリアの人たちがコーヒーを飲み始めるきっかけになったといいます。そして、オーストリアはもちろんのこと、イギリスのコーヒーハウスやフランスのカフェ文化につながっていきました。カフェは、ジャーナリストや政治家、芸術家たちの情報交換《こうかん》の場としても重要な地位を占《し》めるようになったのです。カフェ文化を守るため、現在でもウィーンのファストフード店（例えばマクドナルド）では、コーヒーを扱《あつか》っていません。

また、「第二次ウィーン包囲」を撤退させたオーストリアの人たちが、オスマン軍の旗に描《えが》かれていた三日月型のパンを作って食べたのがクロワッサンの起源になったと考えられています。

交易の点でいえば、オスマン帝国から輸入されたチューリップが、一七世紀半ばにオランダで起こった、世界初のバブル経済と言われる「チューリップ・バブル」を引き起こしました。手に入りにくいチューリップが高値で取引されるようになり、人々が投機に熱狂《ねっきょう》するようになったのです。私たちはチューリップというと風車とセットでオランダをイメージすることが多いですが、もともとはオスマン帝国から伝わったものだったのですね。オスマン帝国では、民族衣装や美術・工芸品のデザインにチューリップが描かれ、特に文化の爛熟《らんじゅく》期を迎えた一八世紀初めは「チューリップ時代」と呼ばれたほどでした。

民族独立の動きと国際対立

フランス革命の影響を受けたヨーロッパ各国では、民主化や独立運動の機運が高まっていきました。

その代表がギリシャです。オスマン帝国の支配下にあったギリシャは、イギリス、ロシア、フランスなど列強各国の支援を得てオスマン帝国と戦い、独立を勝ち取ります（一八二一～二九年　ギリシャ独立戦争）。

その直後、オスマン帝国は、エジプトと二度にわたる戦争をすることになりました。エジプト・トルコ戦争です（第一次一八三一～三三年、第二次一八三九～四〇年）。エジプトは、オスマン帝国の下で自治が認められていましたが、エジプトがシリアの領有権を求めたのに対し、オスマン帝国が拒否《きょひ》したために戦いに発展したのです。

このとき、ロシアは、黒海から地中海に続く航路にあるボスポラス海峡とダーダネルス海峡を自由に通航できる権利を得ようとオスマン帝国を支持。一方、フランスは、進出の機会を狙《ねら》っていたエジプトを援助《えんじょ》し、エジプトは大勝します。しかし、イギリスをはじめ列強が同盟して干渉《かんしょう》し、エジプトは自立を保つ一方、シリアを放棄《ほうき》させられました。さらに列強各国は協定を結び、ボスポラス・ダーダネルス両海峡を外国の軍艦《ぐんかん》が通過することを禁止しました。ロシアの南下を阻止《そし》したかったのです。

オスマン帝国の支配下にあった各地の自立や独立の動きと、それを利用して勢力を拡《ひろ》げようとする列強各国の動きはやまず、国際的な対立は加速していきました。

伝統的なイスラム国家から近代国家へ――タンジマート

オスマン帝国がイスラム教の国であることは最初にお話ししました。帝国の君主つまり皇帝のことをイスラム世界では「スルタン」といいます。また、イスラム世界では、預言者のムハンマドの後継《こうけい》者のことを「カリフ」と呼びました。カリフには宗教的な権限はありませんでしたが、イスラム世界で政治的・社会的な権限を持ち、人々を指導する立場にありました。

オスマン帝国では、一八世紀後半になると、このスルタンがカリフを兼《か》ねる「スルタン＝カリフ制」が採用されるようになりました。もちろん、それより以前から、オスマン帝国のスルタンは、イスラムの教えの下に行動しなければならず、その行動は宗教によって規制されていました。

しかし、フランス革命に始まった民主化の動きと西欧《せいおう》の近代化の影響に、オスマン帝国は圧迫され、帝国の存続が危うくなってきました。これまで「ゆるやかな支配」の下に統治をしていた、非イスラムの地域や人々の独立の動きを、イスラムの教えで封《ふう》じ込《こ》めるにはもはや限界がきていたのです。

そこで、伝統的なイスラム国家から近代国家への脱却《だっきゃく》を図るための改革が始まりました。弱体化した旧来の歩兵軍（イェニチェリ）を廃止して西欧式の軍隊を創設し、初等教育を義務化しました。さらに一九世紀半ばから「タンジマート」（恩恵《おんけい》改革）という本格的な改革を開始します（一八三九〜七六年）。ひとことで言えば、「上からの西欧化改革」です。イスラム教徒も非イスラムの人たちも、すべての人が法の前に平等であり、生命も財産も、公平な課税も保障されるというものでした。つまり、皇帝＝スルタンも、法律の下に権力を行使することを意味します。

イスラム国家から近代の「法治国家」へと、新たな方向へ舵《かじ》を切ったのです。

クリミア戦争

こうした改革のさなかに起こったのが「クリミア戦争」(一八五三～五六年)でした。どんな戦争かよくわからないという人も、この戦争とナイチンゲールの名前は知っているのではないでしょうか。

クリミア戦争は、オスマン帝国領内にあった聖地エルサレムの管理権をロシアが要求したことがきっかけで始まった戦争です。エルサレムには、ユダヤ教、キリスト教、イスラム教、の三つの宗教の聖地があります。一六世紀以来、フランス王が管理権を持っていましたが、フランス革命のときにロシアの支援でギリシャ正教会が管理権を得ました。その後一九世紀半ばにフランスのナポレオン三世(ナポレオンの甥《おい》)がオスマン帝国に管理権を要求して取得したのに対し、ロシアは不満を持っていたのです。

そこで、オスマン帝国にいるギリシャ正教徒を保護することを口実に、ロシアが現在のルーマニアのあたりを占領したことがきっかけで、クリミア戦争が始まりました。ロシアの南下を阻止したいイギリスとフランスがオスマン帝国側についたことで、ヨーロッパ列強同士の戦争に発展。クリミア半島での激しい攻防《こうぼう》の末、オスマン帝国の勝利に終わりました。

アジア初の憲法制定

度重なる戦争で国家財政が悪化したオスマン帝国は、イギリスとフランスから借金を繰り返して、ついには破産します（一八七五年）。関税などの収入をイギリスやフランスに管理されることになったオスマン帝国国内では、列強の進出と皇帝の専制政治に対する不満が高まり、憲法を作って議会政治を行う「立憲制」を望む声が強くなっていきました。

そして、一八七六年、宰相《さいしょう》ミドハトが起草した「ミドハト憲法」が、アジア初の憲法として制定されました。憲法には、二院制議会と責任内閣制、それに非ムスリムの人たちにも一定の議席を配分することが規定されていました。宗教に関係なく、国民としての自由と平等が憲法で保障されたのです。ちなみに、日本で大日本帝国憲法が制定されるのは、ミドハト憲法より一三年後（一八八九年）のことです。

現在まで続く民族紛争の始まり

ミドハト憲法の制定と前後して、バルカン半島では反乱や独立の気運がさらに高まっていました。オスマン帝国の支配下にあったボスニア・ヘルツェゴビナでは農民反乱が発生し、ブルガリアでも、人々が独立を求めて立ち上がりました。

オスマン帝国は、こうした動きに対して武力で鎮圧《ちんあつ》を図りましたが、そこに介《かい》入《にゅう》してきたのがロシアでした。ロシアは、バルカン半島に大勢住んでいたスラブ系民族の団結とオスマン帝国からの独立を目指す「パン＝スラブ主義」を利用して、オスマン帝国に対して開戦。これがロシア＝トルコ戦争（露土《ろと》戦争。一八七七〜七八年）です。

ロシアに敗れたオスマン帝国は、ルーマニア、セルビア、モンテネグロの独立を承認し、ブルガリアを帝国内における自治国と認めました。キプロスはイギリスが、ボスニア・ヘルツェゴビナはオーストリアがそれぞれ占領し、行政権を認められました。この結果、バルカン半島におけるオスマン帝国の領土は半減する一方、多くの国家が生まれたことで、現在まで続く民族問題の原因を作り出すことにつながっていったのです。

トルコが親日的になった理由

ロシア＝トルコ戦争が始まったことで、オスマン帝国国内では憲法が停止され、議会が閉鎖《へいさ》。スルタンによる専制君主制へと逆戻《ぎゃくもど》りしました。そして、平等主義は一転、イスラム教徒を中心に帝国を運営していこうという「パン＝イスラム主義」へと方向転換《てんかん》したのです。

前述のように、一八世紀後半以降のオスマン帝国の皇帝＝スルタンは、全イスラムの指導者であるカリフも兼ねる「スルタン＝カリフ制」をとるようになっていました。弱体化していくオスマン帝国の権威《けんい》と求心力を回復し、ヨーロッパ列強を牽《けん》制《せい》しようというのがその狙いでした。

ところが、この「パン＝イスラム主義」は、トルコ人自身の手によって崩《くず》されることになります。その原動力となったのは、タンジマート以来の西欧の影響を受けた「近代的な教育」でした。教育を受けた若者たち（青年将校や知識人たち）が反体制組織を結成し、皇帝＝スルタンの専制政治への不満と法の前での平等をうたうミドハト憲法の復活を目指す活動をしました。この組織が「青年トルコ」です。彼らが一九〇八年に政変を起こし、無血のうちに政権を獲得して、皇帝に憲法の復活を認めさせたので、この政変を「青年トルコ革命」と呼んでいます。

この「青年トルコ革命」を後押ししたのが、日本の日露戦争における勝利だと言われています。専制君主制をとるロシアを、立憲君主制の日本が破ったことで自分たちの方向性に自信を得たのです。現在のトルコが親日的なのは、自分たちが負けたロシアに日本が勝利したことも大きな理由です。

国際紛争の原因となったオスマン帝国の解体

青年トルコが政権を握ったオスマン帝国では、ミドハト憲法の下、中央集権体制を強化していきます。しかし、革命後にブルガリアは独立を宣言。ヨーロッパ列強の介入が強まり、オーストリアはボスニア・ヘルツェゴビナを併合《へいごう》し、オスマン帝国はイタリアとも戦争をして、その結果、現在のリビアも奪われます。さらに二度にわたるバルカン戦争（一九一二〜一三年、一九一三年）では、バルカン半島のほとんどの領土を失い、オスマン帝国に残されたのは小アジアの地域を中心に、ヨーロッパ側はイスタンブール周辺のみでした。

国内も分裂するなか、青年トルコ政府は、今度はトルコ人を中心とした「パン＝トルコ主義」を掲《かか》げ、独裁政治に傾《かたむ》いていきました。もはや、この当時のオスマン帝国には、トルコ人の住んでいる地域以外に、アラブ人、クルド人、アルメニア人の住んでいる領土しかありませんでした。一方、奪われたバルカン半島の国々も、それぞれが特定の列強各国と結びついていたことから、列強同士の対立もさらに悪化していきました。バルカン半島が一触即発《いっしょくそくはつ》状態を示す「ヨーロッパの火薬庫」と言われた所以《ゆえん》です。

そこに起きたのが、ボスニアの州都サラエボでオーストリア帝位《ていい》継承者夫妻が暗殺された事件でした。発砲《はっぽう》したのはセルビア人民族主義者の青年。この事件がきっかけで第一次世界大戦が始まりました（一九一四年）。

第一次世界大戦が始まると、オスマン帝国はドイツ・オーストリアの同盟国側について参戦しました。これに対してイギリスは、オスマン帝国内のアラブ人たちにナショナリズムの気運が高まっていることを利用して、イギリスに対して戦争協力をすれば、アラブ人たちのオスマン帝国からの独立を認めるという約束をしました。アラブ人の指導者フセインとイギリスの高等弁務官マクマホンの間で交わされた往復書簡（一九一五年一〇月の書簡）によってできた協定だったので「フセイン（フサイン）・マクマホン協定」と呼ばれています。

ところが、その一方ではイギリスの外務大臣バルフォアが、ユダヤ人の金融《きんゆう》資本家の協力を得たいがために、地中海東岸のパレスチナ地方にユダヤ人国家を建設することを支持するという表明をしました。これが「バルフォア宣言」です（一九一七年）。

このとき、パレスチナ地方はオスマン帝国の領域にあり、アラブ人たちが住んでいました。ユダヤ人たちは中世以降、キリスト教徒から差別と迫害を受けていたため、一九世紀末から、ユダヤ人にとって聖なる地であるパレスチナ地方の神殿《しんでん》の丘《おか》を見渡《みわた》せるシオンの丘に国家建設を推進しようという運動を始めていました（シオニズム運動）。

つまり、イギリスはアラブ人とユダヤ人の双方《そうほう》に対して矛盾《むじゅん》した約束を取り交わしたのです。イギリスの二枚舌外交の典型と言われる出来事でした。

第一次世界大戦後、アラブ人との約束は無視され、ユダヤ人たちは急速にパレスチナ地方への帰還《きかん》を始め、アラブ人たちが圧迫を受けるようになりました。当然、アラブ人たちの怒《いか》りを買う結果となり、これが今日に続くパレスチナ問題に発展していったのです。

トルコ革命と共和国の成立

第一次世界大戦で同盟国側に立ったオスマン帝国は、敗戦後の取り決めでアラブ地域を失ったうえ、ギリシャ、イタリア、イギリス、フランスの列強各国による領土分割の危機に直面しました。その上、治外法権を認め、関税自主権を制限されるなど不平等な取り決めでした。

こうした混乱のさなか、ギリシャ軍がエーゲ海沿岸地域（イズミル）を占領するという事態に直面しました。そこに登場したのが、現在のトルコ共和国建国の父と言われる、ムスターファ・ケマルです。軍人だったケマルは、トルコ人の主権と領土を守るために、アンカラに臨時政府を設立。ギリシャ軍を退けてイズミルを取り戻しました。また、連合国側と新しい条約を結んで、新しい国境を定めて、治外法権の撤廃《てっぱい》と関税自主権の回復にも成功します。

そして、アンカラを首都とする「トルコ共和国」が樹立されました。ケマルの一連の改革は「トルコ革命」と呼ばれています。

ケマルは初代大統領に就任し、トルコの近代化に努めました。

政教分離を徹底《てってい》させるため、スルタン制、カリフ制を廃止し、共和国憲法を発布します（一九二四年）。具体的には、太陽暦《れき》の採用（イスラム暦の廃止）、女性参政権の実施、アラビア文字に代わりローマ字を採用するなど、宗教色をなくした強力な近代化を推進したのです。同時にトルコ人の歴史とトルコ語の教育も行い、ナショナリズムの育成も行いました。

こうしたケマルの改革を高く評価した議会は、彼に「アタチュルク」（父なるトルコ人）の称号《しょうごう》を贈《おく》りました。トルコの首都はアンカラですが、イスタンブールの空港には、彼の称号から「アタチュルク国際空港」が正式名称として採用されています。

オスマン帝国の歴史を、成り立ちから第一次世界大戦後のトルコ共和国成立まで見てきました。現代の国際紛争の原因がオスマン帝国の歴史と深くかかわっていることを理解していただけたらいいのですが。

現代の中東に影響を与えたオスマン帝国

池上 彰

ロシアにとって特別なクリミア

上空を飛んでいたマレーシア航空機の撃墜《げきつい》事件にまで発展してしまったウクライナ紛争。きっかけは、二〇一三年一一月、当時のヤヌコビッチ政権が、ＥＵ（欧《おう》州《しゅう》連合）との政治・貿易協定の調印を見送ったことです。ＥＵとの関係強化を嫌《きら》うロシアのプーチン政権が、調印を見送るように圧力をかけたからです。

これに親欧米派が反発し、反政府運動が盛り上がります。

ウクライナ東部は、かつてロシア帝国の一部でしたが、西部はポーランドに占領されていたことがあります。その結果、東部にはロシア語を話し、自分たちはロシア人だと考える親ロシア派がいるのに対し、西部にはウクライナ語を話し、自分たちはヨーロッパの一員だと考える人たちがいます。ヤヌコビッチ政権の方針転換は、西部の親欧米派＝EU派が反発したのです。

二〇一四年二月のソチ。冬季オリンピックの最中、反政府勢力による暴動で、ヤヌコビッチ政権は崩壊。ヤヌコビッチ大統領はロシアに亡命しました。

ウクライナで親ロシア政権が倒《たお》されると、ロシアのプーチン大統領は、露骨《ろこつ》にウクライナに干渉を始めます。とりわけクリミア半島を自国に引き寄せようとします。クリミア半島に、突如《とつじょ》として正体不明の武装勢力が出現したのです。全員が顔を隠《かく》した兵士たちに所属国や所属部隊を示す肩章《けんしょう》はありませんでした。その行動ぶりは高度な訓練を受けているもので、欧米各国は「ロシア軍の侵略《しんりゃく》」と批判しましたが、プーチン大統領は「クリミアにロシア軍はいない」と強弁しました。

その後の各国の専門家の調査の結果、この武装勢力は、元ロシア軍特殊《とくしゅ》部隊で現在は民間の軍事会社の社員であった可能性が高いことがわかりました。実際にはロシア軍の指揮を受けていますが、正式なロシア軍兵士ではない、というわけです。

これなら「クリミア半島にロシア軍はいない」と言えたのです。

この武装勢力に威圧《いあつ》されながら、クリミア半島の「クリミア自治共和国」は住民投票を実施。ロシアへの編入を決めました。ソ連崩壊でウクライナが独立した後、クリミア半島の住民たちは中央から独立した高度な自治を要求。その結果、ウクライナという国家に所属しながらも、「クリミア自治共和国」になっていたのです。

この経緯《けいい》を見ると、かつての「クリミア戦争」の歴史を想起します。

クリミア戦争といえば、日本では「白衣の天使」＝フローレンス・ナイチンゲールの活躍で知られています。ところが、この戦争でも、ロシアは、「ギリシャ正教徒の保護」を口実に軍隊を派遣《はけん》して介入。それがクリミア戦争に発展したのです。「自国民の保護」を口実に軍事介入し、イギリスなどヨーロッパ各国と対立する。いまから一六〇年前の一九世紀にも、同じような構図の紛争が起きていたのです。

クリミア戦争は増田さんの説明にあった通りです。この地域は、東進したいヨーロッパと西進（南進）したいロシアとが衝突する場所なのです。

一八五三年一一月には、黒海の港湾都市に停泊《ていはく》中のオスマン帝国の艦隊をロシア黒海艦隊が奇襲攻撃《きしゅうこうげき》。これにより、オスマン帝国艦隊は壊滅《かいめつ》的な被害《ひがい》を受けます。

これを知ったイギリスでは反ロシア感情が高まり、フランスと共にオスマン帝国と同盟を結んで、ロシアに宣戦布告します。

かくして、一八五六年まで、クリミア半島などを舞台にして、これまでにない大規模な戦争が勃発《ぼっぱつ》しました。イギリス軍やフランス軍は、ロシア黒海艦隊の基地があるクリミア半島のセバストポリを攻略します。

セバストポリと言えば、今もロシア海軍の基地がある場所です。ロシアは、この基地を死守したいがために、今回、クリミア半島のロシアへの編入を推し進めたのです。

当時の戦争で、セバストポリ攻防《こうぼう》戦は熾烈《しれつ》を極めました。結局、イギリス・フランス軍が陥落させ、ロシア軍は不名誉《めいよ》な撤退をするしかありませんでした。両軍の死者は二〇万人を超《こ》える激戦でした。

死者の多くは、直接の戦闘《せんとう》ではなく、負傷した後、別の感染症で亡くなっていることに気づき、衛生状態の改善が必要なことを提言したのが、イギリス軍の従軍看護師ナイチンゲールでした。

このとき、ロシアの作家レフ・トルストイはロシア軍将校として参戦。戦闘の様子を書き記し、のちに『セバストポリ物語』として結実します。このトルストイの戦闘報告を読んだロシア人にとって、セバストポリさらにクリミア半島は、「ロシアの生命線」として印象づけられるのです。

こうして見ると、黒海に突《つ》き出たクリミア半島は、軍事戦略上、重要な場所にあることがわかります。

また、この地域に少しでも勢力を伸ばしたいロシアと、ヨーロッパに留めたいイギリス・フランスという構図がはっきりします。軍事介入の際には、「自国民の保護」という口実が使われるのも、いつの時代も同じです。歴史は何度でも繰り返すのです。

クリミア半島は、一九一七年のロシア革命後、ロシア革命を推進したボリシェビキによって占領されます。

第二次世界大戦が勃発すると、クリミア半島はドイツ軍によって占領されます。

この戦争中、クリミア半島に住んでいたイスラム系のタタール人が、ドイツに協力することを恐れたソ連の独裁者スターリンは、強制的に中央アジアに移住させます。

東西の強国に挟まれた要衝《ようしょう》であるクリミア半島は、歴史に翻弄《ほんろう》されてきたのです。その翻弄の歴史は、ソ連からロシアになっても続きます。

第二次世界大戦終結から一〇年を記念して、一九五五年、クリミア半島は、それまでのロシア領からウクライナ領に移管されます。当時のソ連共産党のフルシチョフ第一書記が、ウクライナ融和《ゆうわ》策として打ち出したものです。

クリミア半島がロシア領であれ、ウクライナ領であれ、当時はいずれもソ連の一部でしたから、何の問題もなかったのですが、ソ連が崩壊すると、クリミア半島は、ウクライナの一部としてロシアから切り離《はな》されました。クリミア半島に住むロシア人たちは、これが許せないことだったのです。

また、ソ連時代、クリミア半島はロシア人にとって人気の保養地でした。ウクライナに切り取られた形となったクリミアは、ロシア人が取り戻したい領土でした。

クリミアがロシアに併合されたことにより、タタール人は権利を失ってしまいました。ウクライナ時代は、少数民族としての自治の権利が与えられ、イスラム教徒としての信仰も保障されていたのですが、ロシアに併合されてからは、それも覚束《おぼつか》なくなりました。今後、タタール人は、権利獲得を求めるようになるでしょう。クリミア半島のタタール人問題がニュースになるはずです。

ここにもオスマン帝国の遺産があるのです。

米軍、再びイラクで空爆

二〇一四年八月、米軍は、イラク国内での空爆を実施しました。米軍は二〇一一年にイラクから撤退。イラク国内の治安維持《いじ》はイラク政府軍が引き継《つ》いでいたのですが、イスラム過激派武装組織が勢力を伸ばし、北部のクルド人自治区に接近。クルド人の中でもヤジディー教徒たちが虐殺《ぎゃくさつ》されそうになったことから、武装勢力の進撃《しんげき》を食い止めるため、アメリカが限定的な空爆に踏《ふ》み切ったのです。

この組織が伸長《しんちょう》するきっかけは、「アラブの春」でした。

二〇一〇年末、北アフリカのチュニジアで始まった民主化運動は、エジプト、リビア、シリアに広がり、次々に長期独裁政権が崩壊し、これは「アラブの春」と呼ばれました。

このうちチュニジア、エジプト、リビアでは長期独裁政権が倒れましたが、シリアはそうはいきませんでした。

シリアは、アサド大統領による独裁政権。アサド大統領はイスラム教のアラウィー派に属します。アラウィー派はイスラム世界の二大宗派のスンニ派とシーア派の中ではシーア派系になり、シーア派国家のイランが支援してきました。

シリア国内でアラウィー派は一割ほどしかいない少数派ですが、政権を維持して、多数派のスンニ派住民を抑圧《よくあつ》してきました。こうしたことから、シリアでの民主化運動は、抑圧されてきたスンニ派住民が自由を求めて決起した形になります。

コラム

ヤジディー教

イラク北部などに住むクルド人の間で信じられている民族宗教。信者数は約五〇万人。

ゾロアスター教の影響を受ける一神教で、クジャクを天使の使いと信じるため、イスラム原理主義勢力からは「悪魔信仰」とされ、攻撃の対象になりやすい。

アラウィー派

アラウィーはアラビア語で「アリーに従う者」を意味します。イスラム教はスンニ派とシーア派に大別され、このうちイスラム教の預言者ムハンマドの血筋を引く者こそがイスラム教徒の指導者アサド大統領から住民への弾圧を命じられた政府軍の中には、国民に銃《じゅう》を向けることに反発して軍を離脱《りだつ》し、「自由シリア軍」を結成した兵士や将校もいたことから、内戦状態になりました。

これを、スンニ派国家のサウジアラビアやカタールが支援。多額の資金や武器を援助しました。

ここに目をつけたのが、イラク国内で細々と活動していたスンニ派武装勢力「イラクのイスラム国」でした。活動の場を広げるチャンスとばかりに、組織の名称を「イラク・シリアのイスラム国」と変えて、シリアに潜入《せんにゅう》しました。

彼らは、自由シリア軍が確保した地域に入り込み、自由シリア軍を攻撃。横取りする形で支配地域を広げました。これにより武器や資金を獲得。中東各国から「聖戦に参加したい」と集まってきた若者たちも集めて、組織を拡大したのです。

にふさわしいと考える人々は、ムハンマドの従弟のアリーの血筋を引く者を預言者の後継者（イマーム）としてきました。

アラウィー派もこの考え方を受け継いでいるのでシーア派系とされますが、その一方、ヒンズー教や仏教のような輪廻転生（生前に善を積めば人間に生まれ変わり、悪を積めば動物に生まれ変わる）という考え方を持つため、特にスンニ派教徒からは異端とみなされます。

イラクのスンニ派の不満集める

イラクはかつてフセイン大統領による独裁が続いていました。フセイン大統領は、イラク国内では少数派のスンニ派。多数派のシーア派を力で抑《おさ》えつけていました。

二〇〇三年、当時のアメリカのブッシュ大統領は、「大量破壊《はかい》兵器を隠している」と言ってイラクを攻撃。大量破壊兵器は見つかりませんでしたが、アメリカの攻撃によってフセイン政権は崩壊。フセイン大統領はアメリカによってつくられた暫定《ざんてい》政権によって処刑されました。

イラクの暫定政権は、憲法を制定して選挙を実施。国民の多数を占めるシーア派が勝ち、シーア派主体の政権ができました。イスラム過激派組織の出現で責任を取らされ、退任したマリキ前首相も、後任のハイダル・アバディ首相もシーア派です。

これまでのシーア派政権は、多数派のシーア派を優遇《ゆうぐう》する政治をしてきました。治安部隊もシーア派中心となり、スンニ派にとって住みにくい国になりました。

そこにスンニ派武装勢力が登場したのですから、スンニ派住民の支持を受け、イラク国内でも支配地域を広げています。

この組織は、二〇〇三年のアメリカによる攻撃でイラク国内が大混乱に陥《おちい》った後、二〇〇四年に国際テロ組織アルカイダ系の「イラクの聖戦アルカイダ組織」として設立されました。二〇〇四年、イラクを旅行中の日本人青年・香田証生《こうだしょうせい》さんを拉致《らち》して殺害した組織と言えば、思い出す人もいることでしょう。香田さんを処刑する映像をインターネットに公開し、その残虐性《ざんぎゃくせい》が知られるようになりました。

あまりに残虐な行動をとり、シリア国内では、やはりアルカイダ系の「ヌスラ戦線」と衝突したことから、本家のアルカイダから破門される始末です。

二〇一四年六月には、イラク北西部で捕虜《ほりょ》にしたイラク軍兵士や警察官計一七〇〇人を集団処刑し、その映像をネットで公開しているほどです。

恐怖《きょうふ》におののくイラク政府は、アメリカに空爆を依頼《いらい》。オバマ政権が、この求めに応えたのです。

注目すべきは、イラクの隣国《りんごく》イランです。同じシーア派のイラクの政権が倒れては、イランにとっても得策ではありません。イラクのために協力すると言い出しました。

イランは、これまで反米政権として知られていました。それが穏健《おんけん》派のロウハニ大統領が誕生してからはアメリカに歩み寄る姿勢を見せていました。イラク支援でもアメリカと歩調を合わせるつもりのようです。

イラン国内には、ロウハニ大統領の親米ぶりに反発する勢力もありますが、「シーア派の同胞《どうほう》を支援する」という錦《にしき》の御旗《みはた》を掲げれば、反対はできません。アメリカとイランが共闘《きょうとう》する。時代は変わりました。

クルド人自治区、独立へ動く

過激派武装勢力がイラク北部へ進撃したため、イラク政府軍が撤退すると、代わって北部を支配するようになったのがクル

コラム

サイクス・ピコ協定

第一次世界大戦中の一九一六年五月、イギリス、フランス、ロシアの間で結ばれた、オスマン帝国領の分割を約束した秘密協定。

イギリスの中東専門家マーク・サイクスとフランスの外交官フランソワ・ジョルジュ・ピコによって原案が作成されたので、こう呼ばれます。その後、ロシア帝国も加わってペトログラードで、この秘密協定が結ばれました。

その内容は、シリアはフランス、メソポタミアとパレスチナはイギリスの勢力範囲とするもの。

この協定は、イギリスが中東のアラブ国家独立

ド人民兵です。

クルド人は、「独自の国家を持たない世界最大の民族」と呼ばれてきました。現在のトルコ、イラク北部、イラン北西部、シリア北東部にかけての地域に暮らしています。宗教的には、その多くがイスラム教スンニ派です。

もともとオスマン帝国時代は、クルディスタン（クルド人の土地）と呼ばれる地域に暮らしていましたが、第一次世界大戦でオスマン帝国が敗れると、イギリスとフランスが戦争中に結んでいた秘密条約「サイクス・ピコ協定」によって、トルコ、イラク、イラン、シリア、アルメニアなどに分割されてしまいました。人口は二五〇〇万人から三〇〇〇万人はいるとみられますが、各国に分断されてしまったため、それぞれの国では少数派になってしまっています。

それぞれの国での独立運動は弾圧され、「クルドの友は山ば

を約束したフサイン・マクマホン協定やイギリスがパレスチナにおけるユダヤ人居住地を明記したバルフォア宣言（一〇〇ページ）と矛盾し、イギリスによる二枚舌外交あるいは三枚舌外交だとして批判されることになります。

一九一七年、ロシア革命が起き、革命政府によって旧ロシア帝国のサイクス・ピコ協定の秘密外交が明らかにされました。

この協定により、やがてシリア、レバノン、クウェート、イラク、ヨルダン、イスラエルが建国となりますが、人工的に引かれた国境部分も多く、その後の紛争の火種になっていきます。

かり」と呼ばれるような状態が続いてきました。山岳《さんがく》地帯に住む人たちが多く、他の民族の支援がなかったからです。

しかし、アメリカのイラク攻撃の際、クルド人はアメリカに協力。フセイン政権崩壊の後、北部に「クルド人自治区」を設定、クルド自治政府を設立しました。

イラク国内がアラブ人のスンニ派とシーア派による内戦のような状態になっても、クルド人自治区は安定し、欧米からの投資が入って栄えてきました。

そのクルド人にとっての念願は、クルド人自治区に隣接《りんせつ》した南部にあるキルクーク油田を確保することです。これまではイラクのシーア派政権によって希望が撥《は》ね付けられてきましたが、イラク政府軍が撤退したことで、油田を確保できたのです。

クルド自治政府は、これまで原油をイスラエルに輸出するなど、独自の財源確保に動いてきました。キルクーク油田まで確保できれば、いよいよ独立に向けて動き出しそうです。

クルド人国家が誕生すれば、第一次世界大戦後の中東の秩序を規定した「サイクス・ピコ協定」体制を打ち破ることになります。

「カリフ国家」を宣言

シリアに続いてイラクでも勢力を伸ばした武装勢力は、二〇一四年六月、遂《つい》に「イスラム国」の樹立を宣言します。イラク北西部からシリア東部を支配地域とし、さらにシリアの西隣《にしどなり》のレバノンまでうかがう勢いです。

シリア、イラクの国境線は、サイクス・ピコ協定によって生まれたもの。この体制を破棄《はき》しようという宣言です。

さらに「イスラム国」は、「カリフ国家」を宣言します。「イスラム国」の指導者アブー・バクル・アル・バグダーディーが、自らを「カリフ」と名乗ったのです。

カリフとはオスマン帝国のところで解説があったように、イスラム教の預言者ムハンマドの後継者のことです。オスマン帝国崩壊後、トルコの近代化を進めたムスタファ・ケマル（アタチュルク）によって一九二四年に廃止され、以後、空位になっていました。これを復活させ、「カリフ制イスラム国家」を復活させたというのが、この勢力の主張です。

これまでのアルカイダ組織と異なるのは、アルカイダ系組織が、反米テロ組織であるのに対して、領土を持った国家の建設を目指していることです。

この主張に対して、世界各地のイスラム過激派の対応はまちまちです。イエメン拠点《きょてん》の「アラビア半島のアルカイダ」などは賛意を示していますが、北アフリカ拠点の「イスラム・マグレブ諸国のアルカイダ」は批判に回っています。

カリフはイスラム教徒の指導者。つまり、全世界のイスラム教徒の指導者を名乗ったのです。二〇二〇年までにスペインからインドまでの地域を征服すると宣言しています。驚《おどろ》くべき主張です。

この地域は、かつてのイスラム勢力の最大版図。とりわけスペインは、キリスト教徒による「レコンキスタ」（国土回復運動）で、イスラムが失った土地。それを取り戻そうというのです。

中東世界のニュースを理解するには、やはり世界史の知識が必要であることを、改めて知らされる事態です。

「イスラム国」は、オスマン帝国時代の統治手法を踏襲《とうしゅう》しています。支配地域のキリスト教徒に対して、税金を払《はら》えばイスラム教への改宗は強制しないのです。これぞ、オスマン帝国が領土を拡大した手法でした。

かつてオスマン帝国が領土を急激に拡大したのは、「コーランか剣《けん》か」と言って、イスラム教に改宗しなければ殺害するという脅《おど》しによったと言われたことがありますが、近年の研究の結果、そういう事実はほとんどなかったことが判明しています。「アブラハムの宗教」つまり、ユダヤ教徒、キリスト教徒は、同じ「啓典の民」として、税金さえ払えば、改宗が強制されたり、殺害されたりすることはなかったのです。現代の「イスラム国」も、この手法をとっていると言われます。

しかし、実際には、同じイスラム教徒でもシーア派を敵視し、信者を殺害しています。イスラム教スンニ派の過激派は、シーア派を目の敵《かたき》にしているからです。

コラム　アブラハムの宗教

ユダヤ教もキリスト教もイスラム教も、信じる神は同じ。したがって、イスラム教徒からすれば、神から下された啓典であるユダヤ教の『律法の書』（キリスト教徒からすれば『旧約聖書』）も、キリスト教の『新約聖書』も、『コーラン』と同じく大事な啓典です。『律法の書』には、神の言葉を聞いた信心深いアブラハムが神の言いつけにより、我が子イサクを神に捧げようとする逸話が出てきます。アブラハムは、ユダヤ人、アラブ人の共通の祖先とされています。このため、三つの一神教のことを「アブラハムの宗教」とも呼びます。

また、クルド人のヤジディー教徒に対する迫害も伝えられています。「イスラム国」は、支配地域内で、飲酒を禁じ、女性にはベールの着用などを義務づけています。

また、他の宗教の遺跡《いせき》などを「偶像崇拝《ぐうぞうすうはい》の禁止」と称《しょう》して破壊しています。この様子は、アフガニスタンのタリバンの行動を思わせます。時計の針を何百年も巻き戻すような行動をとっているのです。

そう考えると、過去のイスラム国家の歴史を知れば、「イスラム国」がこれからしようとしていることも見えてくるかもしれません。歴史に学ぶと、いろいろなことが見えてくるのです。

パレスチナ問題もオスマン帝国崩壊から

同じ神を信じるユダヤ人とパレスチナ人（アラブ人）が争う場所が、イスラエル（パレスチナ）です。ここが、今のような紛争地帯になったのは、オスマン帝国のところで出てきたように、イギリスによる不誠実な態度でした。

第二次大戦後、パレスチナを維持できなくなったイギリスは、この地をどうするか、国連（国際連合）の判断に委ねてしまいます。

その結果、国連は一九四七年一一月、国連総会で「パレスチナ分割」を決議します。パレスチナの面積の五六％に「ユダヤ国家」を、四三％の地域に「アラブ国家」を建国し、両者にとっての聖地であるエルサレムだけは「国際管理地区」にしようというものです。

この決議にもとづき、翌年五月一四日、イスラエルが建国されました。

しかし、周辺のアラブ諸国は、これを認めませんでした。イスラエル建国宣言の翌日、エジプト、シリア、ヨルダン、レバノン、イラクのアラブ連合軍がイスラエルを攻撃。第一次中東戦争が始まったのです（イスラエルはこれを「独立戦争」と呼びます）。

こうして多数のパレスチナ難民が生まれました。パレスチナ人は、民族としてはアラブ人ですが、「パレスチナ難民」と呼ばれるうちに、「自分たちはパレスチナ人だ」との民族意識が芽生え、パレスチナ人と呼ばれるようになったのです。

この地域一帯、オスマン帝国時代には、このような紛争はなかったのですが、オスマン帝国崩壊後の処理を誤り、このような事態を引き起こしてしまったのです。

旧ユーゴ内戦もオスマン帝国の遺産

二〇一三年七月、バルカン半島のクロアチアがEU（欧州連合）に二八番目の国家として加盟を果たしました。クロアチアの隣国スロベニアは、既《すで》に二〇〇四年にEUに加盟しています。

両国は、いずれも旧ユーゴスラビアを構成していましたが、一九九一年に独立しています。この両国だけが、なぜ現時点でEUに加盟できたのか。サミュエル・ハンチントンが指摘する「断層線」（一二二ページ）が、旧ユーゴスラビア国内を走っていたからです。

スロベニアは、古くからのオーストリア＝ハンガリー帝国の一部でした。国民の多くがカトリックです。

クロアチアは、一五世紀にオスマン帝国に占領されましたが、一八世紀末にはオーストリア＝ハンガリー帝国に組み込まれました。

これに対して、ボスニア・ヘルツェゴビナは、長らくオスマン帝国の支配地域となり、多くのイスラム教徒が生まれました。

その一方で、セルビアは、東方正教会系のセルビア正教のセルビア王国としての歴史がありました。

いずれの地域も、第二次世界大戦後は、カリスマ指導者チトーの下でユーゴスラビア社会主義連邦《れんぽう》共和国としてまとまっていましたが、チトーが死去し、東西冷戦が終わると、バラバラになってしまいます。

スロベニアとクロアチアが独立宣言をすると、同じキリスト教圏《けん》のEU諸国は、いち早く独立を承認。一方、ボスニア・ヘルツェゴビナは、クロアチア人とイスラム教徒のボスニア人、それにセルビア人が三《み》つ巴《どもえ》になって悲惨《ひさん》な内戦に突入してしまいます。

これに対して、ＥＵは、セルビア本国からの支援を受けて優勢な戦いを進めるセルビア人を抑えて停戦に持ち込もうとしますが、ロシアがセルビアの肩《かた》を持ち、停戦はなかなか実現しませんでした。

一方、イスラム教徒に対しては、アラブ諸国のイスラム教徒からの援助が届けられました。

ユーゴスラヴィアにおける紛争では、ロシアがセルビア人に外交上の支援をし、サウジアラビア、トルコ、イラン、リビアはボスニア人に資金と兵器を提供したが、それはイデオロギーや武力外交、あるいは経済的な利益のためではなく、文化的な血縁《けつえん》意識のためであった。（『文明の衝突』サミュエル・ハンチントン著　鈴木主税訳　集英社）

オーストリア＝ハンガリー帝国とオスマン帝国の断層線が走っていたために、内戦が続いたボスニア・ヘルツェゴビナ。結局、オスマン帝国とセルビア王国との断層線に沿って、イスラム教徒のボスニア人とクロアチア人による「ボスニア・ヘルツェゴビナ連邦」と、セルビア人によるスルプスカ共和国（セルビア人共和国）の二つの構成体からなる連邦国家として、ようやく独立を果たしました。首都のサラエボには、カトリックの教会もセルビア正教の教会も、イスラム教のモスクも建っています。断層線の上に立つ都市。そんな印象を受けます。

「オスマン帝国の現代版を」という発想

こうして見てきますと、中東からバルカン半島、クリミア半島にかけての現代のさまざまな紛争が、かつてのオスマン帝国の領土内や縁辺部《えんぺん》で起きていることがわかります。

こうしたことから、アメリカの戦略家の中には、中東は、かつてこの地域を支配したトルコ人に任せ、現代版「オスマン帝国」を形成してもらった方がいいのではないか、と考える人もいるほどです。

旧ユーゴスラビア

「新訂版　世界史図録ヒストリカ」(山川出版社)をもとに作成

オスマン帝国から現代の私たちが学ぶことは多いのです。

第3章

世界の隠れ家フランス

——フランス革命の衝撃

世界を変えたフランス革命

毎年七月一四日は「パリ祭」です。と言っても、こんな呼び方をするのは日本だけ。七月一四日はフランス共和国の成立を祝う日で、いわばフランスの建国記念日です。

一七八九年七月一四日、パリ市民はバスチーユを襲撃《しゅうげき》。ここからフランス革命が始まりました。

フランス国民は、フランス革命に誇《ほこ》りを持っているので、この日は国を挙げてのお祭りとなるのです。パリでは大統領出席の下、軍事パレードが行われます。

二〇一四年には、第一次世界大戦開戦一〇〇年を記念して、当時フランスの同盟国だった日本にもパレード参加の呼びかけがあり、陸上自衛隊の隊員三人が日の丸を掲《かか》げて行進しました。

なぜ日本では「パリ祭」と呼ばれるのか。一九三三年に公開されたルネ・クレール監督《かんとく》の映画「七月一四日」を、輸入・配給した際、日本の配給会社が「巴里《パリ》祭」という邦題《ほうだい》をつけたからです。

これをきっかけに「パリ祭」という言葉が定着しました。『歳時記《さいじき》』では夏の季語として取り上げられています。

いまや単なるお祭りのように受け止められている七月一四日。しかし、この日を境に、フランスばかりでなく、世界が大きく変わっていくことになるのです。

増田ユリヤ

フランス革命のきっかけは何だったのか

国王夫妻の処刑が目的ではなかった

フランス・パリの象徴《しょうちょう》ともいえる、凱旋《がいせん》門やシャンゼリゼ通り。世界の人たちにとって憧《あこが》れの観光地です。そのシャンゼリゼ通りを東へ下っていったところに、コンコルド広場があります。ここは、かつてフランス革命によって、ルイ一六世や王《おう》妃《ひ》マリー・アントワネットをはじめ、多くの貴族や政治家が処刑された場所です。当時は「革命広場」と呼ばれていました。「コンコルド広場」と名前を変えたのは、革命が終わった一八〇一年頃《ころ》のこと。コンコルドには、フランス語で調和とか、和合の女神という意味があります。現在は、八角形の広場の中心にオベリスク（塔《とう》。

ナポレオンのエジプト遠征《えんせい》で持ち帰ったもの）、八つの角にはフランスの都市を表す女神像が立っていて、噴水《ふんすい》の周囲は待ち合わせをする人たちでにぎやかな雰囲気《ふんいき》です。広場を取り囲む道路も交通量が多く、革命の面影《おもかげ》はありません。

フランス革命というと、ギロチン（断頭台）で国王夫妻が処刑された事件、とか、マリー・アントワネットが贅沢《ぜいたく》な暮らしをしたから、国家財政が破たんして革命が起きたんだ、というイメージを持っている人が多いかもしれません。でも、王妃の浪費《ろうひ》だけが財政破たんの原因ではありませんし、国王夫妻の処刑が革命の目的だったわけでもありません。

では、フランス革命とは、いったいどういうものだったのでしょうか。

三つの身分と貧富の差

革命前のフランスは、絶対王政の国で、国民は三つの身分に分けられていました。

第一身分は聖職者、第二身分は貴族、第三身分は平民で、この第三身分が人口の九割を占《し》めていました。第一身分、第二身分は少数でしたが、広大な土地を所有し、重要な官職を独占し、免税《めんぜい》の特権を持っていました。

しかし、それぞれの身分の中にも貧富の差がありました。聖職者の間に上下関係があったのはもちろんのこと、貴族は、国王から年金を支給される宮廷《きゅうてい》貴族や、農民を直接支配する地方貴族など伝統的なタイプのほか、富裕な市民が官僚《かんりょう》として新たに貴族となったケースがあり（お金で官僚としてのポストを買うと、それに付随《ふずい》して貴族の地位を手に入れることができました）、特に、旧来の封建《ほうけん》制や専制政治に反対の立場の貴族は自由主義貴族と呼ばれました。

第三身分の平民は、領主への地代や税の重い負担のために苦しい生活を送る農民が大多数でしたが、その一方で、商工業に従事する人たちは富を蓄《たくわ》えて財をなし、実力を持つようになっていました。いわゆるブルジョワ（有産市民）と呼ばれる人たちです。同じ第三身分でも、農民は生活苦に、ブルジョワは実力にふさわしい待《たい》遇《ぐう》を受けていないことに不満を持っていたのです。

財政破たんと三部会の召集

当時のフランスは、深刻な財政難に陥《おちい》っていました。その原因は、二代前の国王ルイ一四世の時代から繰《く》り返されてきた侵略《しんりゃく》戦争やイギリスとの植民地争奪《そうだつ》戦争です。特に北米大陸では、カナダなど多くの領土をイギリスに譲《ゆず》ることになり、戦費を費やすばかりで得るものはほとんどありませんでした。イギリスに対抗《たいこう》するフランスは、ルイ一六世の時代になってから、アメリカ独立戦争を支援《しえん》したために、財政破たんは決定的なものとなりました。

国王ルイ一六世は、この財政危機を乗り越えようと、改革派の財務大臣を次々に起用して財政再建に取り組みました。しかし、聖職者や貴族など特権身分の人たちに課税しようとしたところ、当然のことながら抵抗《ていこう》され、身分別の議会である三部会を召集《しょうしゅう》して決めるよう要求されました。三部会は新しく課税する際の審議《しんぎ》権を持っていましたが、一七世紀以降、開かれていませんでした。国王はこれを了承《りょうしょう》し、一七八九年五月五日、実に一七五年ぶりに王宮のあるベルサイユで三部会が開かれました。出席したのは、聖職者三〇八人、貴族二九〇人、平民五九四人で、それぞれの身分から選挙で選ばれた代表者です。議題は、特権身分に対して課税するか否か、ということでしたが、当然のことながら、聖職者や貴族は課税に反対で、平民は賛成の立場です。ルイ一六世は課税したいと考えていましたから、ここでは国王と平民の意見が一致《いっち》していました。しかし、採決をめぐって、聖職者や貴族は一身分一票という伝統的な方法を主張し、平民は一人一票という個別の投票を求めて譲りませんでした。もし、従来の一身分一票で議決しようものなら、二対一で必ず否決されることは目に見えています。国王の優柔不断《ゆうじゅうふだん》さも手伝って、議会は四〇日間も堂々巡《めぐ》りを余儀《よぎ》なくされました。

球戯場の誓い

三部会ではらちが明かないので、業を煮《に》やした平民たちは、自分たちで「国民議会」を立ち上げました。国民議会は、フランスの旧体制（アンシャンレジーム）の根幹である身分制度を否定し、全身分の人たちが合同会議を開くことと、絶対王政を立憲君主制に改めるために憲法を制定することを目的として掲げました。憲法（議会）によって国王の権力を制限しようとしたのです。しかし、これに反対する国王は、議場の使用を禁止して閉鎖《へいさ》してしまったため、平民たちはテニスコートに集結して「憲法制定まで国民議会は解散しない」という誓《ちか》いを立てました。これが「球戯場《きゅうぎ》（テニスコート）の誓い」と呼ばれる出来事です。

すると、この動きを見ていた身分の低い聖職者や自由主義貴族の一部からも、国民議会に合流する者が増えていったため、国王も譲歩《じょうほ》せざるを得なくなり、国民議会を承認しました。国民議会はフランス最初の憲法制定に着手しました。

バスチーユ襲撃

その一方で国王は、今度は旧来の保守派貴族と手を組み、一万八〇〇〇人の軍隊をベルサイユに集結させて、武力で議会を弾圧《だんあつ》・解散させようと計画しました。

この頃、パリの民衆は、パンの値上がりに苦しんでいました。前年の一七八八年は冷夏で、フランス全土は秋から大飢饉《ききん》に見舞《みま》われ、冬にはセーヌ川が凍《こお》って流通も麻痺《まひ》する事態となりました。しかも、産業革命が進んでいたイギリスから安価な工業製品がフランスに流入したために、国内の産業が大打撃《だげき》を受け、不況に拍車《はくしゃ》をかけたのです。

国王たちの動きを知ったパリの民衆はこれに反発。七月一四日に集結し、パリのバスチーユ（フランス語で牢獄《ろうごく》の意）を襲撃しました。これが、皆《みな》さんがよく知っているフランス革命の始まりです。バスチーユは、イギリスと断続的に戦った百年戦争の際に、パリ防衛のために設けられた城塞《じょうさい》です。一四世紀末に造られましたが、一七世紀初頭以降は、政治犯の牢獄として利用されていました。つまり、国王による圧制の象徴だったのです。当時、ここに収容されていた囚人《しゅうじん》は七人程度でしたが、大量の武器弾薬《だんやく》が備蓄《びちく》されていると信じられていました。

パリ民衆は、武器を手にして国王と戦うために、絶対王政の象徴を攻撃《こうげき》し、占《せん》領《りょう》することに成功したのです。

パニックに陥った農民たち

一連の事件は、フランス全土を社会不安に陥《おとしい》れ、地方に住む農民たちにも影響《えいきょう》を与《あた》えました。彼らは、国に直接納める税金のほか、貴族（領主）に対しては年貢《ねんぐ》を納め、聖職者（教会）に対しては「十分の一税」（収穫《しゅうかく》の十分の一）を納めなければなりませんでした。何重もの重い負担に苦しむ中で、貴族がいかに非情であるかということも、彼《かれ》らは肌《はだ》で感じていました。そんな貴族が三部会で敗れ、国民議会が承認されたことを知った農民たちは「貴族が黙《だま》って引き下がる訳はない。私たちが襲撃されるかもしれない」という恐《おそ》れから、パニックに陥ります。この心理状態を「大恐怖《きょうふ》」といいました。そしてこの大恐怖から逃《のが》れようと、彼らは武装して各地で領主の館を襲撃し、年貢の台帳を焼き捨てるといった反乱を引き起こしたのです。

「フランス国民」誕生と「人権宣言」

こうした農民の反乱を目《ま》の当たりにして、危機感を持ったのは、伝統的な保守派貴族（領主）だけではありませんでした。有産市民つまりブルジョワたちも、次は自分たちの財産が狙《ねら》われるのではないかと思い始めたのです。最初に三部会が開かれてから三か月近くが経過していましたが、民衆の騒乱《そうらん》はフランス全土に広がりを見せていました。

「この混乱を鎮《しず》めるためには、旧体制（アンシャンレジーム）を一掃《いっそう》するしかない」

一七八九年八月四日。国民議会で発言力を持つようになっていた、第三身分のブルジョワ議員は、新興の自由主義貴族たちと協力して「封建的特権の廃止《はいし》」を決議しました。具体的には、身分による免税特権や領主の貢租徴収権《こうそちょうしゅう》（税金を徴収する権利）と領主裁判権を廃止し、旧体制の根幹である身分制と領主制を撤廃《てっぱい》すること。さらに、地域間の差別をなくし、すべての人たちが公職につけるようにすることが決められました。

つまり、すべてのフランス人が「フランス国民」という同じ立場に立ったのです。

この国民議会の決議を受けて、八月二六日に採択《さいたく》されたのが「人権宣言」（人間および市民の権利の宣言）でした。

宣言では、すべての人間の自由・平等、国民主権、言論の自由、法の支配、権力分立、私有財産の不可侵《ふかしん》など、近代民主主義社会の原理を規定しています。

この人権宣言を起草したのが、自由主義貴族のラ・ファイエットでした。彼は、私費で単身アメリカに渡《わた》り、義勇兵として自ら志願して独立戦争に参加しました。帰国後に革命が勃発《ぼっぱつ》すると、その翌日にパリ国民軍司令官に就任。一貫《いっかん》して立憲君主主義の立場をとり、アメリカの独立宣言をもとにした人権宣言を起草しました。

人権宣言が災いの種となる

これまで私たちが習ってきた学校の世界史では、フランスの人権宣言は民主主義の理想だ、世界中がこれをお手本にした、人類の宝だ、という見方をしてきました。最終的にはそれで間違《まちが》いないのですが、フランス革命の推移に限って見ていくと、この人権宣言が革命を複雑なものにしていったのもまた事実です。『小説フランス革命』で名高い佐藤賢一《さとうけんいち》さんは、「革命新政権のマニフェスト＝人権宣言」だったといいます（『日本の1／2革命』池上・佐藤著　集英社新書）。

社会不安が広がる中で、世の中を鎮めて、民衆を納得させるためには、できるだけわかりやすい表現で、ありったけの理想を掲げ、自分たちの政治を魅力《みりょく》的に見せる必要があったというのです。

このマニフェストを積極的に出そうとしたのが、ラ・ファイエットでした。しかし、一方で、この人権宣言に反対した人物がいました。ラ・ファイエットとともに立憲君主制を推進する立場をとっていたミラボーです。彼も貴族出身の政治家で、国民議会で活躍《かつやく》しましたが、議会派と国王を融合《ゆうごう》させる立場をとり、革命が急速に進んでいくことにブレーキをかけようとしました。

というのも、アメリカで独立宣言が受け入れられたのは、そこにいるのはすべて移民で横並びの人たちだから「みんなが平等」と言っても受け入れられるけれど、フランスのように国王もいて、貴族も平民もいるという身分制の国で、急に「みんなが平等」と言われても、簡単に受け入れられない、反発する人たちが必ず出てきて問題が起こる、と考えたのです。

ミラボー自身に関しては、宮廷に革命派の内情を通報して秘密資金を受け取るようになったり、王妃マリー・アントワネットとの愛人関係なども取《と》り沙汰《ざた》されたりして、宮廷からの信頼《しんらい》も得られなかったと言われています。革命の終焉《しゅうえん》を見ることなく、激務で病に倒《たお》れ、一八九一年四月に没《ぼっ》しました。

ミラボーの予測が現実となっていく過程は、このあと追って見ていきましょう。

信頼を失った国王

人権宣言が採択されても、国王は承認しませんでした。しかし、それから二か月近くが経過しても、政情が不安定で穀物が十分にパリに届かない状態が続き、結局、パンも食料も高騰《こうとう》して庶民《しょみん》の生活は苦しいままでした。それに憤慨《ふんがい》した数千人の女性たちが、雨の降る中、およそ二〇キロの道のりを行進し、ベルサイユ宮殿《きゅうでん》に乱入しました。そして、国王一家をパリに連れ戻《もど》し、人権宣言を含《ふく》む一連の決定を承認させました。それとともに、国民議会もベルサイユからパリにうつり、全国の行政区画を改めたり、教会の財産を没収《ぼっしゅう》したり、ギルド（同業組合）を廃止して営業の自由を確立するなど、市民の求める改革を次々と行っていくことで、政情がひとまず安定に向かいました。

こうした中で起こったのが、国王一家のヴァレンヌ逃亡《とうぼう》事件です。

一七九一年六月二〇日深夜、国王ルイ一六世とその家族が、王妃マリー・アントワネットの実家を頼《たよ》ってオーストリアに逃《に》げこもうとしたのです。一説によれば、王妃は馬車に銀食器やワインの樽《たる》などを載《の》せ、大名行列さながらの無防備な様相で逃亡を決行したといいます。いくら変装したとはいえ、見破られるのは時間の問題。結局、東部国境近くのヴァレンヌで見つかり、パリに送還《そうかん》されました。

国王一家が国の窮状《きゅうじょう》を見捨てて、国外逃亡を企《くわだ》てたという裏切り行為《こうい》は、国民からの信頼を失墜《しっつい》させました。この事件を境に、フランスは国王のいない共和制を目指していくことになります。その一方で、絶対王政の続いている周辺諸国からは、ルイ一六世救援《きゅうえん》の呼びかけとともに、革命に対する干渉《かんしょう》が始まりました。

王政の廃止と共和制の樹立

ヴァレンヌ逃亡事件から二か月余りが経過した、一七九一年九月。一院制の立憲君主制を定めた憲法が発布されました。この憲法では、ある一定の財産をもち、一定額の納税をしている人でないと、立候補も投票もできないという制限選挙でした。言うまでもなく、女性に参政権はありません。目的が達成されたので、国民議会は解散しました。

そして、新たな憲法の下、制限選挙で新しい議員が選ばれ、議会が開かれました。新しい議会は「立法議会」。議会を構成する派閥《はばつ》は三つありました。

一つ目はフイヤン派。保守系右派で、立憲王政派の立場をとりました。富裕《ふゆう》市民や自由主義貴族からなり、ラ・ファイエットが指導者。初期に政権を握《にぎ》っていた党派です。

二つ目はジロンド派。穏健《おんけん》な共和主義を主張する多数派の左派勢力です。ジロンド県出身の議員が中心となったので、この名前がつきました。中流市民の商工業者ブルジョワの代表で、他勢力に対抗するために、対外戦争には積極姿勢をとりました。

三つ目はジャコバン派。ジャコバン修道院を本拠《ほんきょ》として結成されたことから、この名前がつきました。貧農市民、農民など、社会の下層にいる人たちを代表する立場をとりました。ジャコバン派の中でも最左派を「山岳《さんがく》派」（議場の高いところに席があったため）といいます。革命の激化とともに、革命の徹底《てってい》を強調し、いわゆる恐怖政治と独裁を行ったことで有名です。山岳派の指導者の代表が、弁護士出身の革命政治家ロベスピエールです。

最初に対立したのは、右派のフイヤン派と左派のジロンド派です。前述のように、国王ルイ一六世の救援を呼びかけ、革命に干渉してくるヨーロッパ諸国との対立が激しさを増す中で、共和制を目指すジロンド派の勢力が増大。一七九二年にはジロンド派が政権を握り、革命の邪魔《じゃま》をするオーストリアに対して宣戦しました。しかし、当時の軍隊には王党派が多かったため、王に味方する国を相手に戦う士気も上がりません。そうこうしているうちに、オーストリア・プロイセン連合軍がフランス国内に侵入《しんにゅう》するという危機に陥りました。ここに登場するのがパリ民衆と全国から集まった義勇軍＝国民軍です。

一八九二年八月一〇日、国民軍は国王のいたテュイルリー宮殿を襲《おそ》って、王権を停止させました（八月一〇日事件）。このときに歌われたのが「ラ・マルセイエーズ」。マルセイユ出身の義勇軍が歌った軍歌で、現在のフランス国歌ですね。その後、国民軍は、国境に近いヴァルミーという小さな村で、オーストリア・プロイセン連合軍に初勝利しました。

革命を進めようというフランス国民軍が、職業軍人が中心の両王朝軍に勝ったことは、大きな意味がありました。

このとき、プロイセン軍に従軍していた文豪《ぶんごう》ゲーテはこう書き残しました。「ここから、そしてこの日から、世界史の新しい時代が始まる」と。

国王ルイ一六世の処刑

オーストリア・プロイセン連合軍がなぜフランス国内に侵入できたのか。それは王妃であるマリー・アントワネットが、オーストリア軍に内通していたからでした。ヴァレンヌ逃亡に次ぐ国王一家の裏切り。革命の当初に掲げられた立憲君主制の理想は、もうそこにはありませんでした。

九二年九月。新たに、男性普通《ふつう》選挙が行われ、「国民公会」が成立。ここで、王政の廃止が決定となり、共和制の樹立が宣言されました。

国民公会では、ジャコバン派が勢力を増していました。ヨーロッパ諸国の革命に対する干渉を追いやったあとの問題、それは、国王ルイ一六世の処遇《しょぐう》でした。二度にわたって国民を裏切った国王を処刑するか否かで、国内ではさまざまな議論が繰り広げられたのです。

中でも、国王の処刑を決定づけたのが、サン・ジュストという国民公会議員です。ジャコバン派に属し、ロベスピエールを尊敬し、彼の片腕《かたうで》としてジャコバン派独裁と恐怖政治の確立に尽力《じんりょく》したと言われています。彼は、人目を引くほどの雄弁家《ゆうべんか》で、彼の弁舌で処刑が決定したとも言われています。サン・ジュストは次のように演説しました。

「人は罪なくして王ではありえない。王として統治すべきか、罪人として死なねばならぬ」

さらに、ジャコバン派代表のロベスピエールは、こう言ったとされます。

「祖国は王の存在を否定する共和国となった。だが、ルイはまだ生きている！　もはや裁判の問題ではなく、ルイは死すべきなのだ」

国民公会議員の投票の結果、たった一票差で国王を処刑することが決定しました。（※この投票結果の数え方には異論もあります。）

ルイ一六世は、馬車で革命広場（現コンコルド広場）へ向かい、ギロチン（断頭台）で公開処刑されました。

一七九三年一月二一日のことでした。

この九か月後の一〇月一六日、王妃マリー・アントワネットもギロチンにかけられました。

多数の犠牲者を出した恐怖政治と革命

国王の処刑という前代未聞の出来事に、周辺諸国も震《ふる》え上がりました。イギリスを中心に再びフランスに対して干渉が入り、第一回対仏大同盟が結成されました。

一方、フランスでは、ジャコバン派のロベスピエールが独裁政治に走り、革命の徹底の名の下に恐怖政治が敷《し》かれます。中でも政治・戦争の最高機関として設けられた公安委員会は、反革命派や革命に協力的でない人たちを次々に取り締《し》まり、略式裁判を行うのみで、ギロチン台に送り込《こ》みました。恐怖政治が続いた一年半の間に処刑された人は三万八〇〇〇人。フランス革命全体では、パリのギロチンだけで三〇〇〇人ぐらい。地方まで含めると五万人。さらに地方で起きた内乱の犠牲《ぎせい》者は、最低で一〇万人、最も多く見積もって六〇万人という数字が出てくるほどでした。


もちろん、こうした恐怖政治が長続きするはずはありません。

対仏大同盟との戦いでは、フランス軍が善戦したのと、同盟国同士の利害関係の対立問題で、その干渉を追いやることができました。国内が多少の落ち着きを取り戻すと、国民は保守的になり、独裁に対する不満が高まっていったのです。

一七九四年七月二七日。独裁者ロベスピエールは、パリ民衆の支持も失って孤立《こりつ》し、反ロベスピエール派に逮捕《たいほ》され、国王処刑の張本人サン・ジュストとともに、自らもギロチン台で露《つゆ》と消えたのでした（テルミドール九日のクーデター。テルミドールは革命暦《れき》で熱月《ねつづき》のこと）。

その後、議会では穏健共和派が有力勢力となり、再び制限選挙制を復活させた新憲法を作り、五人の総裁による政治体制となります。しかし、それでも社会情勢は安定せず、混乱を鎮める実力を持った軍事指導者として登場するのが、ナポレオン・ボナパルトだったのです。

大衆の正義と暴力は、同じ情熱の裏表

フランス革命の後半に登場したロベスピエールは、独裁による恐怖政治で多数の人を犠牲にしました。しかし、彼自身の主張は、国民の最下層にいる人たちを助けることでした。実際、彼は、領主に納める年貢を廃止して農民を解放したり（一七九三年）、基本的人権をさらに進めて、生存権が最も重要であるということを主張

しました。今では当たり前の考え方である公的扶助《ふじょ》を提唱したのもロベスピエールが最初だと言われています。

ロベスピエールを見ていると、歴史の中で繰り返される独裁政治が持つ、同じ性格を考えさせられます。

自分こそが正義であり、真理であると信じたとき、敵にたいして人がどれほど残酷《ざんこく》になれるか……大衆の正義と大衆の暴力は、まさに裏表の関係にあるのです。

（『フランス革命』遅塚忠躬《ちづかただみ》著　岩波ジュニア新書）

ロベスピエールは、非常に清廉《せいれん》潔白な人だったともいいます。正義に対して妥《だ》協《きょう》できない性格が、恐怖政治へと導く結果になったのかもしれません。

流血を伴《ともな》った多くの犠牲を払い、遂行《すいこう》されたフランス革命。

「自由・平等・友愛」という革命の精神は、いまなおフランス国民の中に生き続け、世界中の人たちに「人権」という大切なことを教えてくれました。

でも、その目的は、最初から国王を処刑することでも、多くの犠牲を払うことでもありませんでした。

大衆のために、国民のために正義を貫《つらぬ》く。いったいその正義とは何なのか。

フランス革命について知れば知るほど、その疑問は深くなります。

フランス革命の世界への影響とは

池上 彰

イランの核開発はフランスのせい？

中東の国イランが核《かく》開発をしているのではないかとの疑惑《ぎわく》が持ち上がったのは、二〇〇二年のこと。イランの反体制派組織が、イラン政府が密《ひそ》かにウラン濃縮施《のうしゅくし》設《せつ》を建設していると暴露《ばくろ》したのです。ウランを濃縮すれば、広島型の原爆《げんばく》が製造できるからです。

国際社会の圧力を受け、イラン政府は翌年、ウランの濃縮活動を停止することを約束しました。

ところが、二〇〇六年、イランに強硬《きょうこう》派のアフマディネジャド大統領が誕生すると、ウラン濃縮を再開しました。自分たちにも核開発の権利があると主張し、以後、ウランの濃縮を着々と進め、核開発は周辺国の深刻な脅威《きょうい》となりました。

二〇一三年、アフマディネジャド大統領が任期満了で退任すると、後任には穏健派のロウハニ大統領が誕生。核開発をめぐりアメリカやEU諸国と話し合う姿勢を示しました。それでも開発疑惑はなかなか解消しません。

なぜ、この話から入ったのか。実はイランが周辺諸国にとって危険な存在になった遠因は、フランスにあるからです。

一九七九年二月に起きたイラン・イスラム革命。これを指導したのは、アヤトラと称《しょう》される高位のイスラム法学者ルッホラー・ホメイニ師でした。ホメイニ師は、当時のイラン国王を批判したことから国外追放処分となり、フランスで亡命生活を送りました。一九七八年一〇月から翌年一月までの実質二か月半のことでした。

フランスでは、地方の小さな村の一戸建ての家を借りて住みます。フランスの警察がホメイニ師を警護しました。この間、ホメイニ師の命を狙う動きもありましたが、フランスが引き受けたからこそ、ホメイニ師の安全は保たれたのです。

ホメイニ師がフランスに亡命中、祖国イランで革命が起き、国王は国外逃亡。代わってホメイニ師が、エールフランス機で帰国します。国王を追放した民主化運動は、強硬なイスラム原理主義者のホメイニ師の帰国によって性格を変え、イスラム革命に発展していきます。

当初は国王の圧制に反対する民主化運動だったものが、次第に過激化。仲間内の殺し合いに発展し、反対派は次々に絞首《こうしゅ》刑か銃殺《じゅうさつ》。強硬派が実権を握りました。まるでフランス革命の再来であるかのような推移をたどったのです。これがイラン・イスラム革命でした。

ただし、フランス革命は後世に人権宣言を残しましたが、イラン・イスラム革命は、二〇世紀、二一世紀の現代に、「七世紀の古き良き時代に戻れ」というイスラム原理主義運動をもたらしました。

この革命の過程で、過激な一部の学生がテヘランのアメリカ大使館を占拠《せんきょ》。この行動をホメイニ師が支持したことで、イランとアメリカは決定的な対立を迎《むか》えます。

ホメイニ師自身は、核兵器について、イスラムの教えに反するとして否定的だったようですが、ホメイニ師亡きあと、反米国家イランは、アメリカからの攻撃に備えて、核開発を推進するのです。

ホメイニ師の身柄《みがら》をフランスが守ったことで、イランにイスラム原理主義国家が誕生してしまった。皮肉なことですが、フランス革命によって人権意識を確立したフランスは、世界各地からの亡命を受け入れてきました。ホメイニ師も、その一人だったのです。

フランス革命で制定された人権宣言は、次のように理想を語っています。

第一条　人は、自由、かつ、権利において平等なものとして生まれ、生存する。社会的差別は、共同の利益に基づくのでなければ、設けられない。

第一〇条　何人も、その意見の表明が法律によって定められた公の秩序《ちつじょ》を乱さない限り、たとえ宗教上のものであっても、その意見について不安を持たされることがあってはならない。

（『新解説世界憲法集』初宿正典《しやけまさのり》・辻村《つじむら》みよ子編　三省堂）

宗教的に相いれないものであっても、人々の人権を守るため、フランスは各国の政治犯を受け入れてきたのです。いわば「世界の隠《かく》れ家《が》」でした。政治犯の亡命受け入れという制度がそもそもない日本とは大きな違いです。

フランスは、ホメイニ師を匿《かくま》ったことにより、その後、革命後のイランと良好な関係を維持《いじ》できました。人権を守るという原則を貫くことは、結果として国益にもなっている。それがフランスです。

世界の人権宣言に影響

フランス革命で制定された人権宣言は、その精神が世界各国に影響を与えます。一九四六年に制定された日本国憲法にも、それらしい部分があります。改めて読んでみましょう。

第九七条　この憲法が日本国民に保障する基本的人権は、人類の多年にわたる自由獲得《かくとく》の努力の成果であつて、これらの権利は、過去幾多《いくた》の試錬《しれん》に堪《た》へ、現在及《およ》び将来の国民に対し、侵《おか》すことのできない永久の権利として信託《しんたく》されたものである。

私たちの基本的人権が保障されるのも、「人類の多年にわたる自由獲得の努力の成果」による。フランス革命の成果が、現代を生きる私たちに恩恵《おんけい》を与えてくれたのです。

国連での決議にも影響しました。一九四八年一二月に第三回国連総会で採択された「世界人権宣言」にも、その影響を見ることができます。

第一条　すべての人間は、生れながらにして自由であり、かつ、尊厳と権利とについて平等である。人間は、理性と良心とを授けられており、互《たが》いに同胞《どうほう》の精神をもって行動しなければならない。（日本の外務省による仮訳）

フランス革命がもたらした人権宣言が、いかに大きなものであるか、わかります。

世界各地から亡命を受け入れる

問題は、その人権をどこまで守り抜《ぬ》くことができるか、です。その点でフランスは、いまも人権を重視します。亡命に極めて寛大《かんだい》なのも、人権を大切にするからです。それがフランスなのです。

亡命ではないものの、一八四四年、自由な空気のあったパリに移り住んできた一人に、カール・マルクスがいました。

マルクスは、パリでエンゲルスと親しく交友し、経済学やフランス革命の研究を続けます。その結果、共産主義思想に近づき、その後、ベルギーやイギリスに移り住みながら、数々の著作を発表し、やがて世界の共産主義運動を方向づける『共産党宣言』や『資本論』を世に出しました。

マルクスの思想は、フランスで発展したのです。

その一方、フランスはマルクスとは正反対の立場の人たちも受け入れました。

一九一七年、マルクス主義の革命家レーニンがロシア革命を起こすと、共産主義に反対する大勢の人がロシアからフランスに亡命します。その数は一五〇万人とも言われています。

ロシア革命でソ連という国家が誕生すると、その方針をめぐり、独裁者スターリンと対立した人物にレオン・トロツキーがいます。彼も共産主義者でしたが、ソ連を支配する共産党の主流派に反対したことから国外追放処分を受けます。

トロツキーは、一時トルコに滞在《たいざい》した後、一九三三年にはフランスに移りました。さらに一九三五年にノルウェーに移住したところ、ノルウェー政府はソ連の圧力を受けて、トロツキーに出国を要請《ようせい》。トロツキーはメキシコに亡命してソ連の体制や独裁者スターリンの批判を続けます。

これがスターリンの怒《いか》りを招き、一九四〇年、スターリンによって送り込まれた刺客《しかく》によってメキシコで暗殺されてしまいました。

ドイツでヒットラーのナチスが台頭する一九三三年以降は、多数のユダヤ人や社会主義者、自由主義者がフランスに亡命しました。人権大国フランスの面目躍如《やくじょ》です。

多数の人々が入ってきたことで、多様な文化が生まれ、優れた知識人、文化人の層も厚くなります。人権を守ることで、フランスの文化も発展するのです。

アジアからもフランスへの亡命者が出ています。タイの政治家で首相まで務めたプリーディー・パノムヨンは、首相引退後に引き起こしたクーデターが失敗し、一九四九年、フランスに亡命しました。

まさに世界の政治犯の隠れ家です。

フランスに隣国《りんごく》イタリアから亡命した人物もいます。アントニオ・ネグリです。スピノザやマルクスの研究で知られるイタリアの哲学者《てつがく》ネグリは、一九六〇年代から七〇年代にかけての過激な発言や運動がイタリア国内で罪に問われ、逮捕・起《き》訴《そ》され、裁判にかけられます。獄中《ごくちゅう》で国会議員選挙に立候補して当選し、議員の不逮捕特権により釈放《しゃくほう》されます。直後に不逮捕特権が取り消されると、一九八三年、フランスに亡命してしまいます。

パリでは大学で教えるなど活発な言論活動を展開しました。

一九九七年になって、残りの刑期を消化するためにイタリアに帰国し、収監《しゅうかん》されますが、二〇〇三年には晴れて釈放となります。

このフランスの寛容さと比べられてしまうのが、日本です。

ネグリは二〇〇八年、国際文化会館の招きで来日して、日本各地の大学で講演する予定でしたが、日本の外務省は、ネグリがイタリアで有罪判決を受けていることを問題視。来日直前になって入国ビザを申請《しんせい》するように要求します。ビザ取得には時間がかかるため、結局ネグリは訪日を取りやめました。フランスの寛容さとの違いが際立つ出来事でした。

では、フランスには、どのくらいの外国人が暮らしているのか。

一九九九年の国勢調査によりますと、フランス本国に居住する外国人は三二五・八万人。総人口の五・六%を占めています。

さらに、フランス国籍を取得した移民は四三〇万六〇〇〇人。総人口の七・四%

を占めています。移民大国フランスです。

ニコラ・サルコジ前大統領も、ハンガリーからの移民の息子でした。移民の子どもが大統領になれる。これぞフレンチ・ドリームでしょう。

しかし、最近は移民や外国人による犯罪の発生や、「移民によって仕事を奪《うば》われる」という不満の声が高まり、移民を排斥《はいせき》する運動も活発になっています。

フランスの人権思想が挑戦《ちょうせん》を受けているのです。

アジア各地に革命家を輩出

人権思想が確立したフランスでは、二〇世紀中盤《ちゅうばん》以降、共産主義運動の拠点《きょてん》となります。その結果、アジア各地に革命家を輩出《はいしゅつ》しました。

例えば、中国の鄧小平《とうしょうへい》、ベトナムのホー・チ・ミン、カンボジアのポル・ポトです。

このうち鄧小平は、裕福《ゆうふく》な地主の家に生まれ、一六歳でフランスに留学します。

苦学生として働きながら学び、共産主義の思想に染まります。一九二六年にソ連に渡って共産主義を勉強して帰国。中国共産党で毛沢東《もうたくとう》の部下として活動します。

中華《ちゅうか》人民共和国建国後、毛沢東の下で大混乱に陥った中国を、毛沢東の死後、鄧小平が立て直します。さらに、「改革・開放」路線を打ち出して、中国をいまの発展の軌道《きどう》に乗せました。

アジアの裕福な子弟がフランスに渡り、共産主義思想に染まって帰国。祖国の共産主義化に邁進《まいしん》するというパターンがしばしば見られるのですが、鄧小平もその一人でした。

ベトナム建国の父と慕《した》われるホー・チ・ミンは、フランスの植民地だったベトナム（当時はフランス領インドシナ）で生まれ、フランス船の見習いコックとしてフランスに渡ります。

ここで社会主義思想の洗礼を受け、一九一九年にはフランス社会党に入党しますが、翌年、フランス共産党の結成に参加します。

その後、ソ連を経由してベトナムに帰り、独立運動を始めます。フランスの自由な思想環境《かんきょう》が、彼をベトナム建国の父に作り上げていくことになったのです。

カンボジアを不幸のどん底に陥れたポル・ポトもまた、フランス留学組でした。ポル・ポトは、王家につながる裕福な家庭に生まれ、一九四九年からパリに留学します。ここで彼も共産主義の思想に染まり、パリに留学しているカンボジア人の共産主義グループに参加しました。このグループが、カンボジア共産党の中枢《ちゅうすう》を構成することになります。

カンボジアは、シアヌーク国王の下で平和でしたが、隣国ベトナムでのベトナム戦争の影響を受け、やがて内戦が勃発します。ポル・ポト率いるカンボジア共産党が政権を掌握《しょうあく》すると、原始共産制を導入するという無茶なことをして、数百万人の自国民を死に追いやることになりました。

フランスは、思わぬ負の影響をもたらすこともあるのです。

フランス革命の影響を受け、ハイチ独立

フランス革命は、意外な場所に大きな影響を与えました。それはハイチ。そして中南米でした。

ハイチといえば、カリブ海に浮《う》かぶ島国です。二〇一〇年一月に発生したハイチ地震《じしん》では、死者が三一万人を超《こ》えるという大きな被害《ひがい》を受けました。

これは、地震の規模が大きかったこともありますが、政情不安が続き、社会基盤《きばん》が極めて脆弱《ぜいじゃく》だったことが、大きな理由です。

ハイチでは、なぜ政情不安が続いていたのか。フランス革命の影響があったからです。

カリブ海の島々は、イギリス、スペイン、フランスなどヨーロッパ列強の植民地になっていました。

ハイチのあるイスパニョーラ島は、一六世紀にスペイン人が入植しましたが、スペイン人が持ち込んだ疫病《えきびょう》と過酷《かこく》な労働で、島民は全滅《ぜんめつ》。そこでスペインは、西ア

フリカから黒人奴隷《どれい》を連れてきます。このあたりに黒人が住んでいるのは、アフリカから連れてこられたからなのです。

一七世紀になると、島の西部をフランスが占領し、一六九七年、スペインとフランスの条約により、島の西側三分の一がフランス領となりました。

一七八九年、フランス革命が起きると、その報は植民地ハイチにも伝わります。人権思想を知った現地の黒人たちは、白人支配に歯向かって蜂起《ほうき》。白人の地主たちを処刑します。

しかし、一八〇二年、奴隷制を復活させようとしたナポレオンが本国から軍を派《は》遣《けん》。指導者を逮捕してしまいます。指導者はフランスに連行されて獄死《ごくし》します。

ところが、指導者の後継《こうけい》者が反乱軍を組織して再度蜂起。一八〇三年、フランス軍を追い出して、翌年、フランスからの独立を宣言します。国名を先住民族の言葉で「山の多い土地」からハイチと名づけました。

ラテンアメリカ初の独立国であり、黒人初の共和国の誕生でした。

しかし、結果的に早すぎた独立だったかもしれません。経済基盤が確立せず、人材不足のまま独立した小国は、独立承認と引き換《か》えに、フランスに対して巨額《きょがく》の賠《ばい》償《しょう》金を支払うことになりました。

以後、ハイチは、独裁者が出現したり、アメリカの攻撃を受けたりという苦難の道を歩みます。本国フランスのナポレオンに憧れた独裁者も誕生しました。

第二次世界大戦後は、軍事独裁政権が出現し、秘密警察が多くの国民を逮捕・殺害するという暗黒時代が長く続きました。

その後、国連が介入《かいにゅう》。国連監視《かんし》の下で二〇〇六年、ようやく国民による選挙で大統領が選出され、ハイチは安定に向かいました。

自由・平等というフランス革命の理想に共鳴した独立でしたが、過酷な歴史が待っていたのです。

中南米諸国も独立へ

フランス革命とハイチの独立は、中南米諸国に大きな影響を与えました。独立の気運が高まったのです。

南アメリカ大陸は、ブラジルがポルトガルの植民地であるほかは、スペインの植民地でした。植民地社会の支配層は、スペインからやって来た白人たちの子孫でしたが、フランス革命に代表される啓蒙《けいもう》思想に共鳴し、本国からの独立を目指したのです。

南アメリカ北部ではシモン・ボリバルが指導する独立戦争の結果、ベネズエラとコロンビア、そしてボリビアが独立しました。ボリビアは、ボリバルの名前からつけられました。

ボリバルは、いまも南アメリカで独立の父として評価されています。ベネズエラは、一九九九年になって、大統領に就任したウゴ・チャベスによって、ベネズエラ・ボリバル共和国と国名を変更《へんこう》しています。

フランス革命でハイチやベネズエラ、コロンビアが生まれる。歴史の因果関係は、思わぬ結果をもたらすのです。

アメリカ、領土拡大へ

フランス革命の直接の影響ではありませんが、フランス革命後の変化により、アメリカは領土拡大を果たしました。

フランス革命が終結した後、フランス皇帝《こうてい》になったナポレオンは、資金不足に悩《なや》みます。とりわけイギリスとの戦争のための費用が足りません。そこで、北アメリカ大陸に持つ領土をアメリカに売却《ばいきゃく》したのです。それが、現在のルイジアナ州です。

フランスは、北アメリカ北東部に上陸し、現在のカナダ北部から南下。ルイジアナを植民地にしていました。ルイジアナという名称《めいしょう》は、フランスのルイ一四世にちなんで「ルイの土地」＝ルイジアナと名づけられました。

イギリスの植民者たちが、本国の国王ジョージ二世にちなんで「ジョージア」（ジョージの国）と名づけたのと同じようなことだったのですね。

ルイジアナ最大の都市は、ジャズで有名なニューオリンズです。フランスからの植民者は、フランス本国にある都市オルレアンにちなんで「ニューオルレアン」と名づけました。ここがアメリカになって英語読みされるようになり、ニューオリンズと呼ばれたのです。いまもフランスの香《かお》りがする都市です。

一八〇三年、ナポレオンはルイジアナをアメリカに一五〇〇万ドルで売却しました。ナポレオンは、その費用でイギリスと戦争を始めました。

世界史は、思わぬ因果が錯綜《さくそう》します。それがまた、面白いのです。

第4章

地球温暖化は産業革命から始まった

産業革命は、現代に何をもたらしたのか

二〇一一年三月の東日本大震災《しんさい》で発生した東京電力福島第一原子力発電所の事故をきっかけに、日本全国の原子力発電所の運転が止まりました。

その結果、電力不足を補うため、各電力会社は火力発電所をフル操業しています。

それに伴《ともな》って、地球温暖化対策の話はどこかへ消えたかの観があります。

しかし、近年の世界や日本の各地での異常気象の発生を見ると、温暖化は確実に進んでいる気配です。

地球温暖化をもたらすのは、二酸化炭素など温室効果ガスの大量発生です。

これは、産業革命から始まりました。

私たちの生活を革命的に変えてしまった産業革命。これにより私たちの暮ら

しは豊かにもなりましたが、反面、さまざまな問題を引き起こしました。
現代につながる産業革命とはどんなものだったのかを見ることにしましょう。

世界の工場となったイギリス

増田ユリヤ

「風と共に去りぬ」と黒船来航の深い関係

皆《みな》さんは「風と共に去りぬ」という映画を知っていますか。一九世紀の南北戦争が始まる直前のアメリカ合衆国を舞台《ぶたい》に、主人公スカーレット・オハラが、恋愛《れんあい》や戦争などに翻弄《ほんろう》され不幸な出来事に見舞《みま》われながらも、その時代を力強く生き抜《ぬ》く姿が描《えが》かれた名作です。

ヒロインのスカーレットは、アメリカ南部の大農園の令嬢《れいじょう》という設定でした。その大農園とは、綿花栽培《めんかさいばい》で成功した彼女の両親が築いたもの。当時、アメリカ南部では、産業革命に成功したイギリス向けの綿花の需要《じゅよう》が急速に高まり、輸出が拡大していたのです。

しかし、そもそもイギリスに対する綿花輸出を拡大できたのは、一八世紀末（一七九三年）にアメリカ人のホイットニーが「綿繰《わたく》り機」を発明したからでした。綿繰り機は、綿花から種子を取り除く機械です。種取りは非常に手のかかる仕事でしたが、綿繰り機一台で、一日に綿花二五キロ分、人間五〇人分の作業をこなすことができるようになりました。アメリカも機械化時代の到来《とうらい》です。

それと同時に、アメリカでも紡績《ぼうせき》業が盛んとなり、重要なヨーロッパ向けの輸出品となりました。綿製品は、それだけ需要が高かったのです。生産性を上げるため、昼夜を問わず工場を稼働《かどう》します。そこで必要になったのが、夜間灯火用の燃料や酷《こく》使《し》する機械の潤滑《じゅんかつ》油として使用する鯨油《げいゆ》でした。鯨油は凝固《ぎょうこ》しにくい性質のため、潤滑油として最適だったのです。その他、鯨の髭《ひげ》もコルセットやドレスのスカートを膨《ふく》らませるパニエ（フランス語で鳥かごの意）に使用するための必需《ひつじゅ》品となっていきます。

こうしてアメリカは、世界一の捕鯨《ほげい》大国となりました。

鯨油として使われたのは、主にマッコウクジラ。捕鯨の舞台は太平洋でした。アメリカが、航海の途中《とちゅう》で燃料としての薪《たきぎ》、水や食料を補給する拠点《きょてん》として考えたのが日本だったのです。それが、一八五三年のペリー来航につながり、翌年、日米和親条約を結ぶにいたりました。もちろん、イギリスやフランス同様、当時のアメリカが、中国との貿易に関心を持ちはじめ、その中継《ちゅうけい》基地として日本を考えていたことも開国を要求した理由のひとつでした。

同じ頃《ころ》、アメリカ国内では、南北が対立を深めていました。綿繰り機は機械ですが、人力で動かさねばならず、しかも農場で綿花を摘《つ》み取る作業は人の手に頼《たよ》らざるを得ません。綿花栽培のプランテーションが拡大する南部では、奴隷《どれい》が必要だったのです。労働力としての奴隷制やイギリスとの自由貿易を主張する南部と、イギリスに対抗《たいこう》するために保護関税貿易を唱え、人道的な見地から奴隷制に反対する北部との対立によって、南北戦争が始まりました。結局、リンカーン（リンカン）大統領の奴隷解放宣言が出され、ゲティスバーグの戦いで北軍が勝利をおさめて、合衆国は再統一されます。

このように、イギリスの産業革命の成功は、アメリカの南北戦争や奴隷制の問題、江戸時代末期の日本の開国ともつながっていて、世界の歴史に大きな影響《えいきょう》を及《およ》ぼしたのです。

産業革命の成功——毛織物から綿織物へ

では、そもそも一八世紀に始まったイギリスの産業革命とは、いったい何だったのでしょうか。学校の世界史の授業では、ひたすら紡績機や発明家の名前を暗記したことは覚えていても、何だったのかわからない、今ではその名前すら覚えていない、という人も多いのではないでしょうか。

そこで、イギリスで産業革命が成功した背景を見てみましょう。

まず、イギリスが、産業革命の少し前の時代から、絶対王政の下、重商主義を展開し、機械を作って導入するための富＝資本を蓄積《ちくせき》していたことが挙げられます。貿易によって利益を得る政策をとったのです。

囲い込み（エンクロージャー）という言葉を知っていますか。イギリスでは、一六世紀になると毛織物の生産が盛んとなり、主要な輸出品目となりました。そこで羊毛の生産量を増やすために、領主や地主が農地を農民から取り上げて、生垣《いけがき》や塀《へい》で農地を囲み、牧羊地に変えたのです（第一次囲い込み）。おかげで羊毛生産は増大し、イギリスでは毛織物工業が国を代表する産業となって、利益を上げることに成功しました。

一方、耕す場所を失った農民たちの一部は浮浪《ふろう》者となり、社会不安も高まりました。その状況《じょうきょう》を、イギリスの人文学者トマス・モアが自著『ユートピア』で「羊が人間を食う」と批判したのです。

毛織物工業を育成し、東インド会社（ロンドンに本社を置く貿易会社）を設立して（一六〇〇年）、貿易の独占と植民地経営を積極的に進めたのが、イギリス絶対王政の絶頂期を築いたエリザベス女王（一世）でした。ちなみに、東インドとは、インドネシアのあたりを指します。当初はジャワ島などを中心に香辛料《こうしんりょう》を輸入・販《はん》売《ばい》して利益を上げていましたが、一七世紀半ば以降は、インドに拠点が移りました。

そのインドからの輸入品として人気沸騰《ふっとう》したのがキャラコと呼ばれる綿布だったのです。

キャラコはインドのカリカット港からイギリスに向けて出荷されたので、その名前が訛《なま》ってつけられたものです。軽くて吸湿性《きゅうしつ》が高く、カラフルな色柄《いろがら》をプリントでき、しかも洗濯《せんたく》できるというもので、イギリスだけでなく、ヨーロッパで大流行しました。最初は綿布を輸入、販売していたイギリスですが、より利益を上げるために、綿製品を国内で大量生産して、キャラコとの価格競争に勝つことを考えました。それが、機械化が進む原動力となり、産業革命の成功へとつながっていくのです。

必要は発明の母

綿布を織るための画期的な道具として最初に発明されたのが、「飛び杼《ひ》」です。これは、引き綱を引くだけで、経糸《たていと》の間に緯糸《よこいと》を一瞬《いっしゅん》にして左右に渡す（通す）ことができるという画期的なものでした。発明したのは、ジョン・ケイです（一七三三年）。

飛び杼の発明によって、織布工一人の生産能力が三倍になり、さらに従来よりも幅《はば》が広い布を織ることができるようになりました。

そこで困ったことが起きました。綿布を織るために必要な原料＝綿糸の生産が追い付かなくなったのです。その窮状《きゅうじょう》にこたえるべく、一八世紀半ば以降に相次いで発明されたのが、紡績機《ぼうせきき》です。

最初に作られた「ジェニー紡績機」（一七六四年）は、一度に八本の糸を紡《つむ》ぐことができ（つまりこれまでの八倍）、そののち一二倍の一六本に改良されました。「ジェニー」は、これを発明したハーグリーヴズの娘《むすめ》（一説には妻）の名前からとったと言われています。

ジェニー紡績機は、簡単な手動式の機械でしたが、さらに丈夫《じょうぶ》な糸を速く紡ぐために、水車を動力とした「水力紡績機」を発明したのがアークライトでした。ジェニー紡績機が八倍なら、こちらは従来の八〇〇倍という生産力です。彼は、発明の翌年（一七六九年）に特許を取得し、さらに一七九〇年には蒸気機関を動力とするものに改良を加えて、大量生産への道を切り開いたと言われています。

ジェニー紡績機と水力紡績機の良いところを取り入れて作られたのが、「ミュール紡績機」です。ミュールとは英語で騾馬《らば》（ロバと馬を交配させたもの）という意味で、それに因《ちな》んで命名されました。インド産綿糸に匹敵《ひってき》する細くて丈夫な綿糸の製造が可能となり、キャラコをしのぐ高品質の綿織物の生産ができるようになったのです。この原理は現在でも使われています。

綿糸の生産が追い付かなくなったために発明された紡績機ですが、今度は糸が余る事態となりました。

そこで発明されたのが、動力に蒸気機関を利用した「力織機」です（一七八五年）。能率は飛び杼の三・五倍。発明したカートライトは、牧師で医師でもありました。彼《かれ》は、この発明により特許を取得。産業革命はよりいっそう前進しました。

産業革命がもたらした変化

イギリスが産業革命を成功させた理由は、ほかにもいくつかあります。

1. 一七世紀後半から一八世紀にかけて、オランダやフランスの勢力を抑《おさ》えて、インドをはじめとした広大な海外市場を確保したこと。

2. 農業でも技術や経営の大きな変革があった（農業革命）。新しく四輪作法（ノーフォーク農法。ノーフォークは始まったイングランドの州の名前）を導入。四輪作とは、大麦↓クローバー↓小麦↓カブの順に栽培する方法。クローバーが地力を回復させ、カブは冬場の家畜の飼料になった。そのおかげで、市場に出される牛の体重が倍増した。また、政府・議会の奨励《しょうれい》で囲い込み（第二次）が行われた。第二次の目的は、小麦など穀物生産の増大で、大地主が中小農民の土地や村の共同地をあわせて大規模な農地を作り、その農地を資本家に貸し出して、経営させた。その結果、耕作地を失った農民が都市の工業労働者、つまり賃金労働者として産業革命の担い手となった。

3. 石炭や鉄などの資源に恵《めぐ》まれていた。石炭は蒸気機関を動かす際の燃料として、それまで使われていた木炭に代わるものとして使用されるようになった。鉄は、鉄道の敷設《ふせつ》や機械の原料として使われた。

大きく言うと、以上のようなことですが、いくつかの内容について、もう少し詳《くわ》しく説明しましょう。

動力革命と交通革命

紡績機の発明でも、動力として蒸気機関が使われ、生産性が向上したと言いました。蒸気機関は、あらゆる機械の動力となり得たので、産業革命を大きく推し進める力となりました。これを発明したのが、電力の単位（W）の名前ともなっている、ワットという人物です。ワットが考えた蒸気機関は、石炭でボイラーのお湯を沸騰させ、その蒸気の圧力でシリンダーの中のピストンを上下させ、その上下運動を回転運動に転換《てんかん》する装置です。この蒸気機関は、鉄道、船、工場の機械など、あらゆる場面で使われるようになりました。その影響で、蒸気機関や鉄を溶《と》かすための溶《よう》鉱炉《こうろ》で使われる石炭の生産（石炭業）も盛んになりました。

蒸気機関を使った乗り物の開発も進みました。

実用蒸気機関車を発明したのは、スティーブンソンです。まず、一八一四年に炭鉱での石炭運搬《うんぱん》のための蒸気機関車を開発。一八二五年、世界最初の旅客用蒸気機関車「ロコモーション号」をストックトンとダーリントン間に走らせました。平均時速は一五キロ。三八両の貨車に六〇〇人の乗客を乗せて走らせることに成功したのです（試験走行）。旅客鉄道として最初に開通したのは、マンチェスターとリバプール間。一八三〇年のことでした。以後、鉄道が運河に代わる輸送路として発達し、人の移動や物資の流通にも革命が起こったのです。

鉄道の発達は、思わぬところにも影響を与えていました。今では当たり前となっている、ロンドン近郊《きんこう》のグリニッジ天文台の世界標準時刻。これも、鉄道網《もう》の発達に伴って、正確な時刻表が必要となったため、一八四八年にグリニッジ天文台での測定時間を使うようになったのがきっかけです。それがイギリス標準時となり、グリニッジ天文台を通る子午線《しごせん》が経度〇度とされて、世界標準時となったのでした（一八八四年）。

蒸気機関は船の動力としても開発されました。イギリスで見た蒸気機関に感激したアメリカ人のフルトンは、本国で蒸気船の開発に取り組み、ハドソン川で世界初の実用蒸気船「クラーモント号」の試運転に成功しました（一八〇七年）。

生産性も上げ、流通手段も確保したイギリス。

こうした産業革命の結果、イギリスは、安価で質のよい工業製品を、大量にヨーロッパ内外の市場で売りさばき、「世界の工場」と言われる地位を獲得《かくとく》したのです。

その後、機械技術は、ベルギーやフランスにも輸出され、各国でも産業革命が進んでいきました。

社会と人々の生活の変化

機械化による産業革命は、人々の生活にも大きな影響をもたらしました。工場を中心とした新しい都市が急速に成長し、人口が集中するようになりました。ロンドン、リバプール、マンチェスター、バーミンガムなどがその代表です。産業革命が達成された一九世紀半ばになると、都市人口が農村人口を超《こ》え、四人のうち三人が都市に住むようになったとも言われています。より豊かな生活を求めて農村から都市に移住する若者も数多くいたのです。

ちょうどその頃、隣国《りんごく》アイルランドからも、大量の労働者が流入してきました。主食のジャガイモが疫病《えきびょう》にかかるという「ジャガイモ飢饉《ききん》」に見舞われ、大量の餓《が》死《し》者が出ていたのです（一八四五年以降）。イギリスの都市の人口はますます増えました。

そうした人口増の動きに合わせて、イギリスでは、国の政策も自由主義的なものが目立つようになり、さまざまな規制が緩和《かんわ》されていきました。

市民にとって影響が大きかったのは、穀物法の廃止《はいし》です（一八四六年）。穀物法は、地主たちが国内で生産される穀物の価格低下を恐《おそ》れて議会に働きかけ、安価な穀物の輸入を法律で禁止したものです（一八一五年）。この規制を撤廃《てっぱい》することにより、安価な小麦が輸入され、パンの値段が下がりました。市民は大喜びです。主食が安定供給されることにより、さらに人口が増えました。

この規制撤廃は、イギリスが、旧来の地主や農業経営者を保護する立場から、都市で暮らす労働者を中心に「消費者」を保護する立場に変わっていったことを意味しています。

都市で暮らす人たちは、住環境も劣悪《れつあく》で、トイレも水道もないのがふつうでした。きちんと調理ができる台所もなく、農村で生活していたときのように、自分でパンを焼いて食べるなんていうことは不可能でした。パンは店で買うほかはなかった、つまり消費者となったのです。また、労働者の朝食として、パンと一緒《いっしょ》に飲まれるようになったのが、砂糖入りの紅茶でした。カフェインで目を覚まし、砂糖でエネルギー補給をしたのですね。

もうひとつ、大きく変わったのは、時間の観念です。農村では、季節や天気によって農作業のスケジュールが決まります。一日の仕事も時間刻みではなく、お天気頼《だの》みです。それは、伝統的な技術を持つ職人たちも同じでした。個人の行動の自由がかなり認められていて、「週末に飲んだくれ、二日酔《よ》いの月曜日はほとんど仕事をしないという、「聖月曜日」の慣習も広く認められていました」(『砂糖の世界史』川北稔《みのる》著　岩波ジュニア新書)。

ところが、工場で働く労働者は、一分一秒の時間を惜《お》しんで働かなければならなくなりました。まさに文字通り「機械的に」時間を守って働かなければ、生産性が上がらないからです。

余談ですが、紅茶は一七世紀後半に、東インド会社によって輸入されるようになりました。上流階級の贅沢《ぜいたく》な楽しみとなったのが午後のティータイム(アフタヌーンティー)。紅茶に砂糖を入れて飲むのが上流階級のステータスとなりました。この頃、初の紅茶専門店を開いたのが、茶商人のトワイニング。茶器として、芸術性と実用性を兼《か》ね備えたウェッジウッドの陶磁器《とうじき》も作られるようになり、上流社会の文化として定着しました。庶民《しょみん》が紅茶を飲むようになったのは、安価な茶葉が輸入されるようになったから。実業家リプトンは、セイロンで茶の栽培をはじめ、セイロンティーを開発しました。茶の大衆化によって需要はどんどん高まり、大量の茶を輸入する必要が出てきました。そこで、イギリスはインドに綿製品を、インドは中国にアヘンを、中国からイギリスに茶と銀をそれぞれ輸出するという三角貿易を行いました。これがアヘン戦争の原因となり（一八四〇年）、その後イギリスをはじめとした列強と言われる国々が、中国へ進出するきっかけとなったのです。

子どもの労働と工場法の制定

よい製品を安く作って高く売る。それが利益を上げるための手段です。産業革命による機械化で、コストが大幅にカットできた部分。それは、賃金でした。機械が製品を生み出してくれますから、産業革命以前のように、働き手は男性の熟練工でなくていいのです。工場での単純作業は、女性や子どもでも事足ります。当時は義務教育の制度などもありませんでしたから、子どもは長時間、低賃金で働かされたのです。例えば、紡績工場では、綿を紡いで糸にし、糸巻に巻き付ける作業がありました。子どもの小さな手なら、器用に糸を操ることができ、機械の下にもぐり込むことも簡単にできます。いっぱいになった糸巻と空の糸巻を交換《こうかん》する仕事もありました。仕事場の環境《かんきょう》は、機械から出るすさまじい熱で異常なほどに蒸し暑く、ちょっと油断をすれば、機械に手を巻き込まれて大けがをするような事故になることもありました。そんな中で子どもたちは汗《あせ》をびっしょりかきながら、クタクタになるまで仕事をさせられたのです。

子どもは石炭業でも役に立ちました。高さが五〇～六〇センチしかない狭《せま》い炭鉱の坑道《こうどう》を、石炭をいっぱいに積んだ台車を引っぱって運んだのです。労働はあまりに過酷《かこく》で、命を落としたり、心身の発達が遅《おく》れる子も多かったといいます。

こうした子どもの労働を禁止する法律がようやくできたのが、一八三三年のことでした。イギリス工場法です。この工場法では、①九歳《さい》未満の子どもの労働を禁止、②一三歳未満の子どもの労働時間は上限を週四八時間とする、③一八歳未満の子どもの労働時間は上限を週六九時間までとする、④法律が守られているかどうかを見張る監督《かんとく》者の配置を義務とする、という内容でした。その後も改正が重ねられたといいますが、一〇歳前後の子どもが一日六時間以上も過酷な労働を強いられてもいい、という法律なんて、現代では考えられないものです。

産業革命と環境問題

産業革命期は、国の富も増大し、人口が急増した時代でした。しかし、人口が集中した都市部で暮らす人たちには、労働条件も生活環境も悲惨《ひさん》な状態にありました。例えば、ロンドン。一八〇一年に九六万人だった人口が、一八五一年には二三六万人に急増したといいます。人口の増加によってスラム（貧民窟《くつ》。貧しい人たちが集住するところ）ができ、環境・衛生問題が深刻でした。

環境と衛生の問題で言えば、ロンドン市内を流れるテムズ川の汚濁《おだく》も悲惨なものでした。工場排水や家庭排水が流され、ゴミも直接投棄《とうき》される始末で、汚濁がひどく悪臭《あくしゅう》を放っていました。貧しい人たちは、その汚《よご》れた水を生活用水としたため、特に子どもたちは、ジフテリア、コレラ、リンパ腺結核《せんけっかく》にかかり、その犠牲《ぎせい》となる子も多かったのです。

また、工場の機械動力や、蒸気機関車などを動かす燃料として、大量の石炭を使うようになりました。石炭を大量に燃やすことで二酸化炭素が大量に発生します。産業革命は、今日の地球温暖化問題につながる環境破壊《はかい》の始まりとも言われているのです。

ラダイト運動と社会主義思想の誕生

労働条件をめぐる運動も起きました。ラダイト運動という名前を聞いたことがある人も多いと思います。伝統的な手工業に従事する人たちが、機械制工業の発達によって、生活を脅《おびや》かされるようになりました。そうした人たちが、イギリス中・北部（イングランド）の織物工業地帯で機械を打ち壊《こわ》したのです（一八一一～一七年）。ラダイトの名は、伝説的な機械打ち壊し指導者ラッドの名前に因んだものです。

実は、このラダイト運動と同じような行為《こうい》は、産業革命が始まった頃にもありました。

その対象となったのは、綿製品の工業化に伴う機械の発明をした人たちです。

例えば、飛び杼のジョン・ケイは、熟練工の反発を招いて生まれた土地を離《はな》れたり、業者との訴訟《そしょう》費用を払《はら》えず破産した上、暴徒に襲《おそ》われてフランスに逃《のが》れ、そこで窮死《きゅうし》しました。ジェニー紡績機のハーグリーヴズは近隣《きんりん》の職人たちに機械を破壊され、力織機のカートライトは工場を焼き打ちされました。発明をした当人たちが、そのおかげで生まれた機械によって貧しい生活を強いられ、不遇《ふぐう》な人生を送ったのです。まさか、後世になって、その名を残す人物になるとは夢にも思っていなかったことでしょう。

子ども同様、工場労働者たちも低賃金で過酷な長時間労働を強いられていました。

そうした中、資本主義の弊害《へいがい》を取り除き、工場や土地などの生産手段を社会の共有にして平等な社会を実現しようという考えの人＝社会主義者たちが登場します。その代表が、イギリスの資本家（工場主）で社会主義思想家のロバート・オーウェンです。オーウェンは、労働者の生活改善を唱えて、労働組合や協同組合の設立を手がけ、工場内に幼稚園《ようち》を併設《へいせつ》して子どもの教育にも取り組みました。

資本主義の弊害を取り除き、平等な社会を実現しようという社会主義の思想は、ドイツのマルクスやエンゲルスの経済学説へと発展。その後の社会主義運動に、大きな影響を与《あた》えたのです。

植民地や他国から、綿花（原綿）、羊毛、食用肉などを輸入し、代わりに自国で作った工業製品を輸出し、富を築いていったイギリス。

食料や労働力の確保、生産技術の発明・開発と向上、流通手段と経路や製品を売りさばく市場の確保、これらの条件がすべてうまく整い、よい方向に転がっていったのが、イギリスの産業革命でした。一八～一九世紀は、「世界の工場」イギリスを中心に、世界の一体化が急速に進んでいった時代だったのです。

待ったなしの温暖化対策

池上 彰

南太平洋の島が沈む

南太平洋にあるソロモン諸島の島のひとつタロ島の住民約一〇〇〇人全員が、近くの島に移住することになりました。タロ島はサンゴ環礁《かんしょう》の小さな島で、海抜《かいばつ》は、最も高い所でも二メートルありません。このため、海面の上昇《じょうしょう》に伴う洪水《こうずい》の心配や、津波《つなみ》への恐怖《きょうふ》などが高まったためです。

オーストラリア政府の援助《えんじょ》を受け、今後五年で移住先に道路や病院、学校などのインフラ整備を進めます。島民全員の移住には数十年かかる見通しだということです。

タロ島の位置

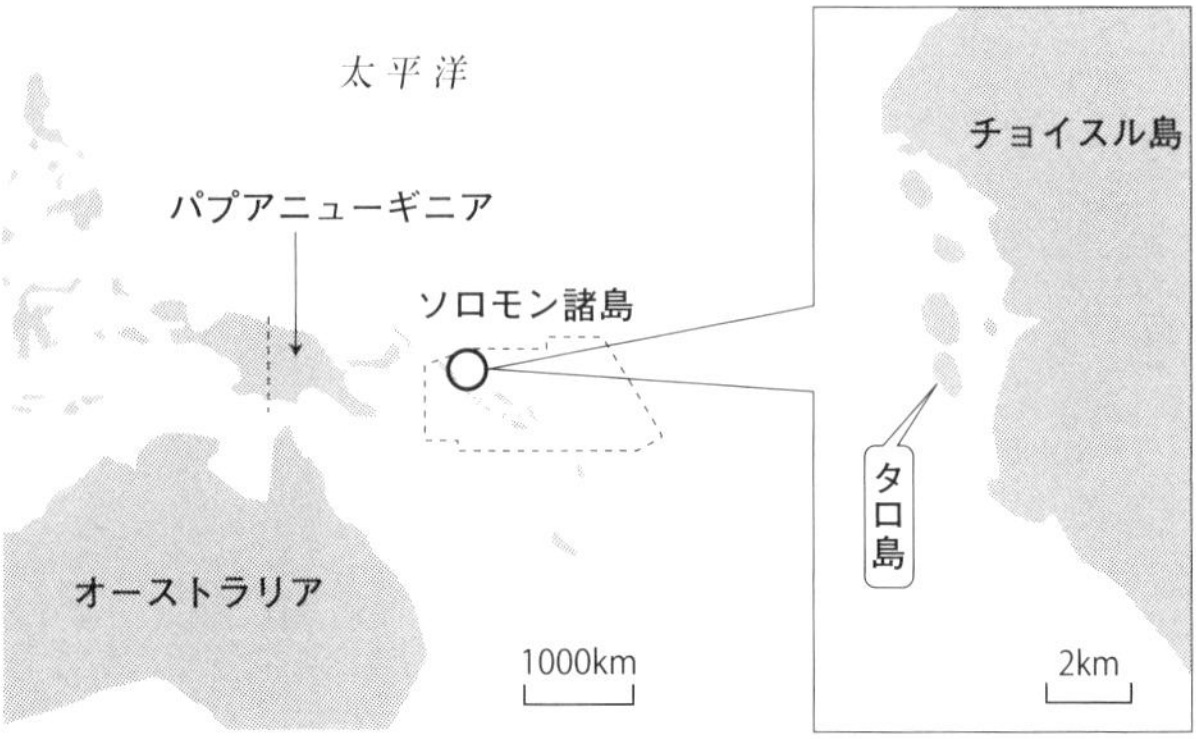

東京新聞・朝日新聞の地図などを参考に作成

地球温暖化のために海水面が上昇すると、将来は南の島に人が住めなくなる。何年も前から言われてきたことですが、それが遂《つい》に現実のものとなったのです。

今後、さらに多くの島々が、同じような運命をたどることでしょう。住む島がなくなった人たち。彼らは「環境難民」と呼ばれるようになります。何万人、何十万人もの彼らを、どこの国が受け入れるのでしょうか。その問題も間近に迫《せま》っているのです。

海水面は最大八二センチ上昇

これから世界の海の海面は、どれくらい

上昇することになるのか。これを研究・予測しているのが、国連の「気候変動に関する政府間パネル」（ＩＰＣＣ）です。各国の専門家が集まった会議で、地球温暖化の実態や今後の将来予測について定期的に研究成果を発表しています。二〇一三年九月に発表した報告書によると、一九八六年から二〇〇五年までの二〇年間の世界の平均海面を基準にした場合、二〇八一年から二一〇〇年までの世界の平均海面の水位は、次のようになります。

温暖化対策が適切に実施《じっし》され、最も低い上昇になった場合は、二六センチから五五センチの範囲《はんい》に留まりますが、温暖化対策が行われなかった場合、四五センチから八二センチの範囲内に入る可能性が高いという予測になりました。

一方、気温の方はどうか。こちらも一九八六年から二〇〇五年までの二〇年間の平均を基準にした場合、二〇八一年から二

コラム
ＩＰＣＣとは

人間の行動によって起きる気候変動の影響や緩和策について科学的・技術的・社会経済学的見地から評価をすることを目的に、一九八八年、世界気象機関（ＷＭＯ）と国連環境計画（ＵＮＥＰ）によって設立されました。

気候変動の科学的根拠について評価する第一作業部会、気候変動が社会に与える影響を評価する第二作業部会、温室効果ガスの排出を減らす方策について評価する第三作業部会、温室効果ガスを減らすための国別目標の策定などを担当するタスクフォースの計四つの組織から成り立っています。

一〇〇年までの二〇年間の平均気温は次のようになる予測です。温暖化対策がとられた場合、〇・三度から一・七度、対策がとられなかった場合は二・六度から四・八度の間に入る可能性が高いというのです。

では、気温が高くなると、なぜ海水面が上昇するのか。大きくは二つの理由があります。

ひとつは、北極圏《けん》の陸地や南極大陸の氷が溶けて海水が増加するためです。北極は北極海という海ですから、ここの氷が溶けても海水が増えることはありませんが、北極圏のシベリアやグリーンランドなどの陸地部分に堆積《たいせき》している氷が溶ければ、海水は増えます。もちろん南極大陸の氷も同じことです。

北極の氷は、これまで太陽の日射を反射してきましたが、氷の面積が減少したことで、氷に覆《おお》われていない部分の海面が、日射を吸収して海水温が上がるという事態も起きています。

北極の氷は年を追って減るばかり。夏季には船が通れるようになり、北極海航路が開発されました。

世界の年平均地上気温の経年変化

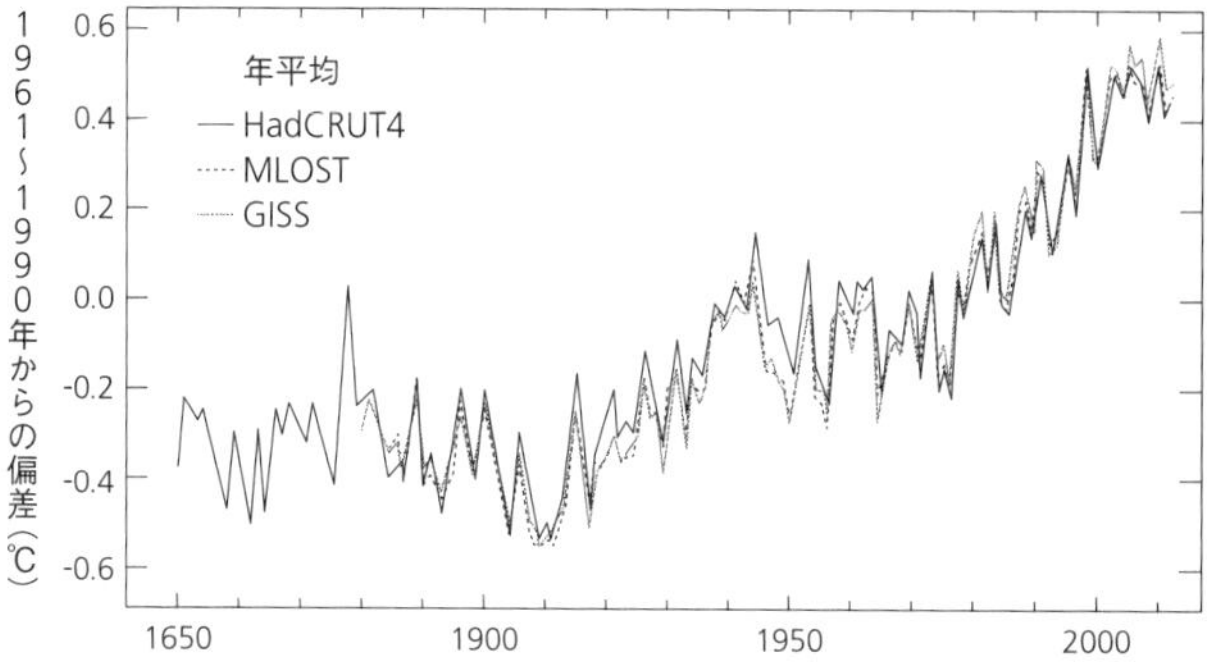

太線：英国気象庁による解析データ（HadCRUT4）、破線：米国海洋大気庁国立気候データセンターによる解析データ（MLOST）、細線：米国航空宇宙局ゴダード宇宙科学研究所による解析データ（GISS）。偏差の基準は1961〜1990年平均。（「IPPC第5次報告書」より）

海水面が上がるもうひとつの理由は、海水温の上昇に伴い、海水が膨張《ぼうちょう》することです。地球の表面を覆う海水の量は莫大《ばくだい》なもの。これが膨張することで、海面が上昇するのです。

産業革命時より二度も上昇？

ＩＰＣＣの報告書はまた、一八五〇年から一九〇〇年までの五〇年間の平均気温と比べた場合、二一世紀末には平均気温は一・五度を超える、あるいは二度を超える可能性も高いと予測しています。

なぜここで一八五〇年から一九〇〇年を

基準にした比較《ひかく》が出て来るのか。それは産業革命が起きた頃と比較しているからなのです。

人類は、蒸気機関という動力源を得て、生産性を向上させ、豊かな生活を獲得してきました。

その一方で、石炭などの化石燃料を大量に燃やすことで二酸化炭素を排出《はいしゅつ》。これが温暖化を招きました。

地球上の大気に含《ふく》まれる二酸化炭素の濃度《のうど》は、過去にさかのぼって計測可能です。これは、南極大陸に堆積している氷を分析《ぶんせき》するのです。

南極には、毎年大量の雪が降り、雪は堆積して、重みで次第に氷に変化します。南極の氷をボーリングして掘《ほ》り出し、年代ごとの二酸化炭素の濃度を計測することで、過去の濃度がわかるのです。

それによると、地球上の二酸化炭素濃度は一九〇〇年頃から急カーブで上昇しています。まさに産業革命が起きた頃《ころ》からなのです。

温暖化でさまざまなリスクが進行

ここで根本的な疑問を考えましょう。地球温暖化が進むと、なぜ人類は困るのでしょうか。これについてもＩＰＣＣは報告書を出しています。簡単にまとめると、次のリスクです。

1　海面上昇で高潮や洪水の頻発《ひんぱつ》、島の生活破壊
2　大都市での洪水
3　異常気象によるインフラ破壊
4　熱波による熱中症患者《しょうかんじゃ》の被害《ひがい》増大
5　気温の上昇や旱魃《かんばつ》で食糧《しょくりょう》不足
6　水不足と農業への悪影響
7　海洋生態系の変化で沿岸漁業が打撃《だげき》
8　生物多様性の喪失《そうしつ》

海洋資源が枯渇する？

温暖化が進むと、海洋資源が枯渇《こかつ》する恐れが高まります。理由は大別して三つです。

ひとつは、大気中の二酸化炭素が海水に溶け、海水が酸性化するためです。海水が酸性化すると、サンゴ礁《しょう》の材料である炭酸カルシウムが腐食《ふしょく》し、サンゴが死滅《しめつ》する恐れがあります。すでに各地でサンゴの白化《はくか》（死滅）が報告されています。サンゴ礁は、多種多様な海洋生物にとっての大事なすみか。海洋資源の減少につながります。

海水の酸性化に伴い、酸欠海域「デッドゾーン」が拡大しています。酸素が少ないので、魚などの海洋生物が生きられないのです。

二つ目の理由は、海水の循環《じゅんかん》が起きにくくなることです。通常ですと、冬季には海水の表面温度が下がって海水は重くなり、下に下がり、代わって深い場所の海水が上昇。循環が起きて、海底に蓄積していた魚類やプランクトン類も海面に上昇し、魚のエサになります。

しかし、温暖化が進むと、海水面の温度も高いまま。海底に下がることはなく、海水の循環が起きにくくなります。結果として、海の表面に近い場所では栄養不足となり、大量の魚が生息できなくなります。

第三は、サンマやサケなど冷水を好む魚類が北上し、これまでのようには獲《と》れなくなる海域が拡大する恐れがあるのです。

世界の人口は増える一方で、将来の食料不足が懸念《けねん》されています。とりわけBSE（狂牛病《きょうぎゅうびょう》）や鳥インフルエンザの発生で、肉類から魚類への嗜好《しこう》の変化が進んでいるとき、海洋資源の枯渇は深刻な問題を引き起こします。

異常気象が各地を襲う

二〇一四年の夏は、巨大な台風の襲来《しゅうらい》や竜巻《たつまき》の発生、広島県での土砂崩《くず》れなど、日本各地が異常気象に見舞われました。

東京など都市部では、「降れば土砂降《どしゃぶ》り」といった状態で、雷《かみなり》を伴った集中豪雨《ごうう》に悩《なや》まされました。まるで熱帯地方のような気象状況です。

地球温暖化が進めば、異常気象が頻発《ひんぱつ》することが、以前から警告されてきました。そんなことは、将来のこと。そう思っていた人もいたでしょうが、最近の被害状況を見ると、もはや待ったなしであることがわかります。

日本周辺の海水温が高くなっているため、日本に近づいた台風は、弱くなることなく、列島を襲《おそ》います。台風のエネルギー源は、海面から出る水蒸気だからです。今後、海水温がさらに高くなれば、台風の被害が一段と高まる危険性があります。

健康被害の拡大も

二〇一四年の夏は、熱中症の被害も甚大《じんだい》でした。死亡する人も相次ぐほどでした。以前は、「温暖化対策のためにエアコンの使用は控《ひか》えめに」などと言っていたマスコミも、「エアコンを適切に使って熱中症を予防しましょう」と注意を呼びかけるようになりました。エアコンの使用が増えれば、電力使用量も増大。いまは火力発電所に頼っている状態ですから、二酸化炭素は一段と多く排出されてしまいます。日本国内でも温暖化が進み、熱帯の危険な生物も日本で年を越《こ》せるようになりました。毒グモのセアカゴケグモは、すっかり有名になりました。

熱帯の病気で心配なのは、マラリアです。マラリアはマラリア原虫が引き起こします。高熱を発し、場合によっては死亡する危険な病気です。太平洋戦争中、東南アジアで多数の日本兵がマラリアに感染し、命を落としました。マラリア原虫を体内に持ったハマダラカが媒介《ばいかい》します。

日本では沖縄《おきなわ》の八重山《やえやま》諸島にはマラリアを媒介するハマダラカが生息していますが、それより北部にはいません。そもそも熱帯性の生き物だからです。しかし、今後温暖化が進めば、日本列島でも心配しなければいけない状況になる恐れがあるのです。

事実、二〇一四年八月には、マラリアと共に熱帯の感染症として知られるデング熱に感染した人たちが出ました。彼らには海外渡航《とこう》歴がなく、東京の代々木公園で蚊《か》に刺《さ》されて感染しました。デング熱を引き起こすウイルスを媒介する蚊がいたのです。

「京都議定書」が誕生したが…

こうした温暖化に対処しようと、国際社会が一体となった取り組みを始めたのは、日本の京都で開かれた会議がきっかけでした。

一九九二年、国連は「気候変動枠組《わくぐみ》条約」を採択《さいたく》し、地球温暖化対策に取り組んでいくことを決めました。この条約にもとづき、毎年、気候変動枠組条約締約《ていやく》国会議（COP）が開催されています。

一九九七年には第三回締約国会議（COP3）が京都で開かれました。議長国は日本です。この会議の結果、「京都議定書」が誕生しました。先進国が、一九九〇年に比べて、二〇〇八年から二〇一二年までの五年間の平均で、温室効果ガスをどれだけ削減《さくげん》するか、目標を定めたのです。

目標は、日本が六%、アメリカが七%、EUが八%というものでした。

このときアメリカは、環境対策に熱心なアル・ゴア副大統領(大統領はビル・クリントン)の指示の下、高い目標を設定しました。

ところが、政権が変わり、石油業界の支援《しえん》で当選したジョージ・W・ブッシュ大統領は、京都議定書の批准《ひじゅん》を拒否《きょひ》し、枠組みから離脱《りだつ》してしまいました。

京都議定書では、先進国に削減目標が定められましたが、二酸化炭素を大量に排出している中国やインドは、削減目標が定められていません。このため、中国やインドにも削減義務を課すべきだという声がありました。

しかし中国は、「先進国は産業革命以来、大量の二酸化炭素を出しながら豊かになってきた。それなのに、これから豊かに

コラム

温室効果ガス

地球は、太陽の日射によって、温められています。そのままでは熱が宇宙に逃げてしまいますが、大気中にある二酸化炭素が、熱を逃がさない働きをします。これが、まるで温室のような効果だとして、温室効果ガスと呼ばれます。

温室効果ガスは二酸化炭素に限りません。京都議定書では、二酸化炭素以外に、メタン、亜酸化窒素、ハイドロフルオロカーボン類(いわゆる代替フロン)、パーフルオロカーボン類、六フッ化硫黄が指定されています。

なろうとする我々に責任を課すのか」と反論します。

こう反論されてしまうと、先進国も分が悪いのです。

EU諸国の場合、環境対策が遅《おく》れていた旧東欧《とうおう》が入っていますから、火力発電所の燃料を石炭から石油や天然ガスに切り替《か》えるだけで、大量の二酸化炭素を削減できます。その点、日本は環境先進国。二酸化炭素の排出割合は、他国に比べて小さく、それだけに六％削減は高い目標で、達成は危ぶまれました。

ただし、温室効果ガスの削減だけでは目標が達成できない場合は、二酸化炭素の「排出権」を他国から購入《こうにゅう》することが京都議定書で認められていました。金を出して、他の国の削減目標の一部を買うのですね。

また、開発途上《とじょう》国の温室効果ガス削減に協力した場合、その分も、自国の削減にカウントしていいことになりました。

さらに、森林が二酸化炭素を吸収することから、森林を整備・維持《いじ》すれば、その分だけ二酸化炭素排出量を削減したとみなすことも可能になりました。こういう仕組みを「京都メカニズム」といいます。

日本は、この方式をフル活用。さらに二〇〇八年に起きたリーマン・ショックで不《ふ》況《きょう》が深刻になったことで、工場の操業停止が相次ぎ、京都議定書の目標はクリアできました。不況になったから目標達成。皮肉な結果でした。

二〇二〇年以降の目標確立が課題

京都議定書の目標は二〇一二年まででした。その後の目標については、二〇一二年までに設定しなければならなかったのですが、各国の意見がまとまらず、とりあえず二〇一五年のＣＯＰで、二〇二〇年以降の目標を確立することになっています。

この場合、二酸化炭素の排出量が多いアメリカや中国、インドをどう引き入れるかが大きな課題です。

日本も野心的な提案をしたが…

京都議定書以降をどうするか。日本が野心的な提案をしたことがあります。

二〇〇九年の衆議院総選挙で民主党が政権交代を果たすと、鳩山《はとやま》由紀夫首相は、国連で開かれた気候変動サミットで、温室効果ガスを、二〇二〇年までに一九九〇年時点に比べて二五％削減すると表明しました。

ただしこれは、「世界のすべての主要国による、公平かつ実効性のある国際枠組みの構築が不可欠です。すべての主要国の参加による意欲的な目標の合意」（総理官邸ホームページより）が、国際社会に対する日本の約束の「前提」になっていました。

しかし、「二五％削減」という数字が衝撃《しょうげき》的だったことから、数字が独り歩きする場面もありました。

このとき民主党政権は、温暖化対策として原子力発電所の建設促進《そくしん》を考えていました。火力発電所に代わって原子力発電所を増設することで二酸化炭素を削減する、というエネルギー戦略だったのです。

この方針に対しては、特に産業界から「非現実的だ」との批判が出ましたが、民主党政権は、あらゆる手段を通じて目標を実現していくと強気でした。

原発事故ですべてが変わった

しかし、この野心的な目標がどこかへ行ってしまう出来事が発生しました。二〇一一年三月の東日本大震災と、それによる東京電力福島第一原子力発電所の事故でした。

この事故で日本中の原子力発電所は、定期点検で運転を停止した後、運転再開ができない事態に追い込まれました。このため各電力会社は、発電量確保のために、操業を終えていたような古い火力発電所まで総動員するようになりました。当然のことながら、二酸化炭素排出量は激増します。

その一方で、原子力発電所の新規増設は絶望的となり、原発増設を前提にしていた二五％削減は実現が絶望的になります。

結局、二〇一三年、再び政権を握《にぎ》った自民党の安倍晋三《あべしんぞう》首相の下で、二五％削減案は撤回《てっかい》されました。

それでも待ったなしの温暖化対策

民主党案を葬《ほうむ》った自民党の安倍政権の目標が明らかになったのは、二〇一三年一一月のことでした。ポーランドのワルシャワで開かれた気候変動枠組締約国会議（COP19）で発表されたのです。

それによると、温室効果ガスの排出量を、二〇二〇年までに、二〇〇五年時点に比べて三・八％削減する、というものです。

ただし、これは、原発の再稼働を計算に入れていない数値だとして、新たなエネルギー政策を策定後に見直す意向を明らかにしています。

つまり、原発の再稼働がまったくない現状では、これが精々だが、原発が稼働し始めたら、もう少し削減目標を高くすることができるかもしれない、という意味なのです。

この数字は、一見すると、「三・八％削減」するように見えますが、ポイントは基準年です。二〇〇五年と比較してのことなのです。そもそもこれまで削減目標の基準になっていたのは一九九〇年です。これを基準にすると、温室効果ガスは削減されるどころか、逆に三・一％増になってしまうのです。

このため、ＣＯＰ19の会場では、多くの参加国代表やＮＧＯ団体のメンバーが失望の声を上げました。

オバマ政権、火力発電の二酸化炭素排出量削減

日本が消極的な姿勢に転じたのに対して、これまで消極的だったアメリカは、一転して二酸化炭素排出量削減に積極的になりました。

二〇一四年六月、アメリカの環境保護局（ＥＰＡ）は、全米の火力発電所約三〇

〇〇基を対象に、二酸化炭素の排出量を、二〇三〇年までに、二〇〇五年時点に比べて三〇％削減する規制案をまとめたのです。

アメリカの火力発電所の多くは、石炭を燃料に使っています。オバマ政権の狙《ねら》いは、厳しい規制を課すことで、燃料を石炭からシェールガスに切り替えさせることです。

シェールガスつまり天然ガスを燃料にした火力発電所の二酸化炭素排出量は、石炭の場合の約半分です。石炭火力発電所を閉鎖《へいさ》して天然ガス発電に切り替えるだけで、目標が達成できるのです。

アメリカはいま、「シェール革命」に沸《わ》いています。シェールとは地下の地層のこと。日本語で頁岩《けつがん》といいます。シェール層には天然ガスが含まれていることは以前からわかっていましたが、採取法が確立していませんでした。

それが、二〇〇〇年代に技術が確立。大量に天然ガスが採取できるようになって、天然ガスの価格は下がっています。これを使うことで、削減目標を掲《かか》げることができる、というわけです。

京都議定書で定められた期間が過ぎた今は、各国が、二〇二〇年までの削減目標を定めて、二〇一五年までに国連に届けることになっています。オバマ政権は、いち早く目標を掲げることで、交渉《こうしょう》を有利に進めようというわけです。

化石燃料に頼らない生活は可能か

温暖化対策は、私たちの家計にも無縁《むえん》ではありません。

温暖化対策として、日本政府は二〇一二年一〇月から「地球温暖化対策のための税」を導入しました。導入は三年半かけて三段階に分かれて実施されます。二〇一四年四月からは二段階目の税率が適用されました。三段階目は二〇一六年四月導入です。

これは、石油、天然ガス、石炭といった化石燃料利用に対して、二酸化炭素排出量に応じて税金を徴収《ちょうしゅう》するというものです。

家計への負担は、三段階目の時点で、毎月一〇〇円増と試算されています。

こうした税金は「炭素税」とも呼ばれます。二酸化炭素の排出量に合わせて税金をかけることで、価格を引き上げ、利用者に、なるべく使わないようにしようと仕向けるものです。

さて、これで化石燃料の消費は減るのでしょうか。

一方、企業の側も、努力を続けています。日産自動車は電気自動車の普及《ふきゅう》に力を入れてきましたが、トヨタ自動車は、二〇一四年中に水素を燃料とする燃料電池車を発売します。ホンダも二〇一五年に発売する見通しです。

燃料電池車は、水素と酸素を燃料電池で化学反応させて電気を発生させ、この電気を動力源にモーターを回して走る自動車です。二酸化炭素を排出せず、出るのは水だけ。このため「究極のエコカー」と呼ばれます。

価格は税抜きで七〇〇万円程度と想定されています。

ただ、問題は、街中に水素を入れられるスタンドが少ないことです。ガソリンスタンドが至るところにあるように、水素スタンドの数が増えれば、普及する可能性はあります。

かつて産業革命によって、人類は化石燃料を燃やして効率のいいエネルギー源を獲得しました。それにより、人類は進歩を遂《と》げてきました。その反面、地球温暖化に苦しめられるようになってしまいました。しかし、産業革命では、「必要は発明の母」。必要に迫られて人類は次々に新技術を発明してきました。これからは、化石燃料に頼らないで済む技術開発が求められているのです。

「年越し派遣村」が生まれた

「年越し派遣《はけん》村」を覚えているでしょうか。二〇〇八年一二月に東京の日比谷公園に出現したテント村です。

この年の秋に起きたリーマン・ショックによって、自動車産業などを中心に、「派遣切り」が相次ぎました。派遣短期契約《けいやく》で働いていた労働者が、契約の満了《まんりょう》とともに職を失ったのです。派遣労働者たちには、派遣先の会社が住む場所まで提供していましたから、仕事がなくなると、住む所もなくなってしまいます。

こうした人たちが年を越せる場所を作ろうとボランティアが中心となって作ったのが「年越し派遣村」でした。

二一世紀の現代でも、職と住む場所を同時に失う人が後を絶たない。これぞ資本主義の冷酷《れいこく》な論理であると痛感した人が多かったのではないでしょうか。

産業革命で生まれた資本主義は、さまざまに形を変えながら、こうして「資本の論理」を貫《つらぬ》いているのです。

資本主義が始まった

イギリスで始まった産業革命は、歴史的に見ると、資本主義の確立でもありました。

工場と機械という「資本」を持った資本家と、自分の「労働力」しか持っていない労働者に分かれ、労働者は劣悪な労働条件の下で長時間労働に苦しみます。

こうした労働者の実態を描いたのが、フリードリヒ・エンゲルスでした。ドイツからイギリス・マンチェスターに渡ったエンゲルスは、イギリスの労働者の貧困に衝撃を受け、綿密な取材をもとに、一八四五年、『イギリスにおける労働者階級の状態』を出版します。

この著作をカール・マルクスが高く評価。やがてマルクスが世に送り出す『資本論』の執筆《しっぴつ》に大きな影響を与えました。『資本論』には、産業革命の下で過酷な労働を強いられるイギリスの労働者の様子が克明《こくめい》に描かれています。

マルクスは、どうして資本家はますます富み、労働者は貧しいままなのかを経済学的に分析しました。行きついた結論は、労働者の労働こそが価値を生む、というものでした。

労働者が工場で働いて商品を作り、資本家が、その商品を売る。すると、資本家が最初に仕入れた原材料や労働者に支払った賃金以上の売り上げが得られる。これが、新たに生まれた価値です。この価値はどこから来たのか。労働者が働いたからこそだ。マルクスは、こう考えました。この考え方を経済学では「労働価値説」といいます。

資本家は、労働者に賃金を支払います。この賃金は、労働者が食事をし、住む場所を確保し、家族を養うための費用ギリギリの金額です。これを、マルクスは「資本家は労働者から労働力を買う」と表現しました。「労働力」とは、労働者を再生産する費用です。

一方、労働者は、資本家に労働力を売るという契約を結び（つまり雇用《こよう》契約を結び）、工場で一定の時間働きます。その結果、原材料を商品に仕立てるという付加価値を作り出します。資本家が支払う労働力の代金と、労働者が作り出す商品の代金の差額が、労働者が新たに作り出した価値です。つまり労働者は、差額分だけ資本家から搾取《さくしゅ》されている。

これがマルクスの主張でした。

資本家は、ライバル企業と激しい競争をしていますから、少しでもコストを下げないと、倒産《とうさん》に追い込まれます。資本家個人は、人間的にはいい人であっても、競争に勝つためには、冷酷な資本家にならざるを得ない。これが資本主義だというわけです。

マルクスは前述したロバート・オーウェンを「空想的社会主義者」として批判します。資本家の善意で労働者の労働条件がよくなることはない、それは「空想」だと批判したのです。

コストを下げるには、どうしたらいいか。労働者に支払う賃金つまり「労働力の価値」を引き下げればいい。そのために、賃金を切り下げたり、賃金を据《す》え置いて長時間労働を強いたりすることになる。

労働者は、低賃金・長時間労働の中で苦しい生活を強いられ、弱い者同士が団結して労働組合を結成し、資本家と対決する。

労働者は、工場で大勢の仲間と一緒に労働をし、労働組合で組織的な行動をすることで、組織を動かす力を身につける。つまり労働者は、資本主義の下で「成長する」。

成長した労働者たちは、やがて組織的な抵抗《ていこう》運動を通じて、共産主義革命を起こすまでに「成長する」。かくして資本主義は滅亡《めつぼう》する。

これがマルクスの思想です。

こうして生まれた『資本論』は、共産主義運動のバイブルになります。イギリスで資本主義が生まれるとともに、共産主義理論もまた、こうした産業革命の嵐《あらし》の中から巣立っていくのです。

共産主義理論は、過酷な労働に苦しむ労働者たちの心を摑《つか》みました。世界各国に共産党を名乗る組織が生まれます。この組織は、国境を越えて連絡を取り合い、国際的な組織に成長していきます。やがて、ロシアで革命が起き（ロシア革命）、第二次世界大戦後は、東欧やアジアに共産党が統治する国家が次々に誕生していきます。

これに対して、資本家たちや権力者たちは、共産主義運動や労働組合運動に危機感を抱きます。労働者を過酷な状態で放置しておくと、社会革命を引き起こしかねないと考えたからです。

ここから、不十分ながらも労働者の権利を守る労働法規が整備されていくことになります。

日本でも「工場法」制定

イギリスで工場法ができてから約八〇年後、ようやく日本でも工場法が生まれ、一九一六年から施行《しこう》されます。

日本における近代的な労働法の萌芽《ほうが》のような法律でしたが、子どもや女性の就業制限や業務上の負傷や死亡についての扶助《ふじょ》制度が中心でした。

工場労働者を保護するというよりは、工場の労働力を確保・維持するための法律でした。

たとえば一五歳未満と女子について、一日一二時間を超える就業を禁止したり、午後一〇時から午前四時までの深夜業への就業が禁止されたりしました。これを見ても、当時の過酷な労働条件がわかります。

本家イギリスばかりでなく、日本でも同じような劣悪な労働条件が続いていたのです。

労働法規が整備された

こうした不十分な工場法は、第二次世界大戦後、労働基準法など労働者の権利を守る法律に取って代わられます。

労働者の権利を守る労働基準法、労働組合の結成の自由を定めた労働組合法、労使紛争を仲介する仕組みを定めた労働関係調整法の三つは、「労働三法」と呼ばれます。

このうち労働基準法は一九四七年に制定されます。一九八七年の改正では、週四〇時間労働制や裁量労働制などが導入されます。

しかし、労働組合の組織率は低下する一方、労働者自身が、自分たちを守ってくれる法制度を知らず、劣悪な労働条件の下で働いている人は後を絶ちません。最近の「ブラック企業」などが、その典型です。

産業革命から随分《ずいぶん》と時間が経《た》ち、労働者を守る手立ては整備されましたが、その権利を行使するかどうかで、日本の労働者の労働条件は大きく異なるのです。

さて、日本の労働条件は、産業革命当時のイギリスと比べて、どれだけ進歩したのでしょうか。

あとがき

今から一〇年前。初めて北欧《ほくおう》に取材に行ったときのことです。フィンランドとスウェーデン、それぞれ一週間ずつの滞在《たいざい》で、学校教育の現場を訪ねてまわりました。先生に会って話を聞いたり、授業見学をする際には、自己紹介《しょうかい》をします。

ストックホルムの高校（名門校）に行ったときのことです。私は高校で社会科の教師として教壇《きょうだん》に立っていましたから、「高校で社会科を教えています」と言いました。すぐさま、生徒の方から「科目は何ですか」と質問されたので、私は「世界史を教えていますが、日本史や現代社会も担当します」と答えました。

すると、教室がザワザワし始めました。その時間は日本でいう政治経済の授業だったので、担当の先生がこう言いました。

「日本では、世界史と日本史をわざわざ別にして教えているのですか。歴史は一つではないのですか」

それまで何の疑問も持たずにきた私は、最初、何を言われているのか、よくわかりませんでしたが、これには二つの意味がありました。ひとつは、科目を二つに分けて教えるなんて、何か特別な意味があるのか。もうひとつは、地球上の歴史は一つではないのか、日本だって世界の国の一つだし、さまざまな国とのつながりの中で歴史を積み重ねてきたのではないか、というのです。

「古い時代は、日本とヨーロッパとのかかわりはほとんどないし、日本史でも他国とのかかわりは教えている」

これがそのときの私の精一杯の答えでした。

さらに、生徒からの質問は続きます。

「日本の総理大臣が靖国《やすくに》神社に参拝したと聞いたが、それは日本の右傾《うけい》化を意味するのですか」「そのことについて、国民はどう考えているのですか」

同じ年代の日本の高校生を教えている私は、ストックホルムの高校生たちの意欲と関心の高さに圧倒《あっとう》されると同時に（名門校だからにせよ）、自分は今まで何を生徒たちに学んで欲しくて、何を伝えたくて授業をしてきたのか、ということを考えさせられました。日本の歴史の授業といえば「暗記科目」だという認識が強いと思います。実際、私が二七年間教壇に立っていた間も、毎年生徒との間に繰《く》り返される会話の多くは「世界史はカタカナが多くて覚えられない。国や都市なのか、人の名前なのか、見分けがつかない」「どうやったら覚えられるのか」というものでした。

この春、教壇を去って、改めて考える時間ができたときに「ニュースを理解するための世界史の本を、池上彰さんと二人で書いてみませんか」と声をかけていただいたのがきっかけで、この本が生まれました。BOOK PLANNINGの笠原仁子さんと高岡幸佳さんに、この場をかりてお礼を申し上げます。

私が担当した歴史の部分は、私自身の取材経験や長年授業で話してきたことをもとに、教科書や参考書の行間を埋《う》めるつもりで書きました。

なお、文中のカナ表記についてですが、最近の教科書は、「イスラム教」を「イスラーム教」、「メッカ」を「マッカ」と表記するなど、言語の発音に近いカナ表記を採用しており、一般的な言い方と多少の違《ちが》いがあります。本書では、一般的なマスコミ表記にしたがって表記しました。
日本も世界の国々も、そして私たちの日々の生活も一つの歴史でつながっています。ニュースも歴史も人間の生きざまそのもの。少しでも面白いと思ってもらえたら、嬉《うれ》しいです。

二〇一四年九月

ジャーナリスト　増田ユリヤ

主要参考文献

■『9・11以後のイスラーム政治』小杉泰／岩波書店／二〇一四年
■『文明の衝突』サミュエル・ハンチントン著／鈴木主税訳／集英社／一九九八年
■『地球温暖化はどれくらい「怖い」か？』江守正多＋気候シナリオ「実感」プロジェクト影響未来像班／技術評論社／二〇一二年
■『グリーン経済最前線』井田徹治・末吉竹二郎／岩波新書／二〇一二年
■『鄭和の南海大遠征』宮崎正勝／中公新書／一九九七年
■『中国が海を支配したとき—鄭和とその時代』ルイーズ・リヴァシーズ著／君野隆久訳／新書館／一九九六年
■『オスマン帝国』鈴木董／講談社現代新書／一九九二年
■『やりなおし高校世界史』津野田興一／ちくま新書／二〇一三年
■「鄭和の大遠征」『ナショナルジオグラフィック　日本版』フランク・ビビアーノ／二〇〇五年七月号
■『フランス革命—歴史における劇薬』遅塚忠躬／岩波ジュニア新書／一九九七年
■『日本の１／２革命』池上彰・佐藤賢一／集英社新書／二〇一一年
■『革命のライオン—小説フランス革命１』佐藤賢一／集英社文庫／二〇一一年
■『パリの蜂起—小説フランス革命２』佐藤賢一／集英社文庫／二〇一一年
■『バスティーユの陥落—小説フランス革命３』佐藤賢一／集英社文庫／二〇一一年
■『砂糖の世界史』川北稔／岩波ジュニア新書／一九九六年
■『ジャガイモの世界史』伊藤章治／中公新書／二〇〇八年
■『グローバルワイド　最新世界史図表　新版』／第一学習社／二〇一三年
■『新装版　世界史のための人名辞典』水村光男編著／山川出版社／二〇一四年

■『世界史B用語集　改訂版』全国歴史教育研究協議会編／山川出版社／二〇〇九年
■『世界史』A・B　文部科学省検定済教科書　高等学校地理歴史科用　各種

本書は２０１４年10月に『世界史で読み解く現代ニュース』として、ポプラ新書より刊行したものを、ルビを加え選書化したものになります。

企画・編集　株式会社ＢＯＯＫ　ＰＬＡＮＮＩＮＧ（笠原仁子／高岡幸佳）・松本静子

☆池上彰（いけがみ・あきら）

1950年、長野県生まれ。慶応義塾大学卒業後、NHKに記者として入局。事件、事故、災害、消費者問題、教育問題等を取材。2005年に独立。2012年から16年まで東京工業大学教授。現在は名城大学教授。海外を飛び回って取材・執筆を続けている。著書に『伝える力』（PHPビジネス新書）、『おとなの教養―私たちはどこから来て、どこへ行くのか?』（NHK出版新書）など多数。増田ユリヤとの共著に『世界史で読み解く現代ニュース』シリーズ、『徹底解説! アメリカ』、『なぜ、世界は〝右傾化〟するのか?』、『偏差値好きな教育〝後進国〟ニッポン』（ポプラ新書）がある。

☆増田ユリヤ（ますだ・ゆりや）

1964年、神奈川県生まれ。國學院大學卒業。27年にわたり、高校で世界史・日本史・現代社会を教えながら、NHKラジオ・テレビのリポーターを務めた。日本テレビ「世界一受けたい授業」に歴史や地理の先生として出演のほか、現在コメンテーターとしてテレビ朝日系列「グッド!モーニング」などで活躍。日本と世界のさまざまな問題の現場を幅広く取材・執筆している。著書に『新しい「教育格差」』（講談社現代新書）、『教育立国フィンランド流教師の育て方』（岩波書店）、『揺れる移民大国フランス』（ポプラ新書）など。池上彰とテレビ朝日「ワイド!スクランブル」のニュース解説コーナーを担当している。

未来へのトビラ
A Door to the Future

ポプラ選書　未来へのトビラ

世界史で読み解く
現代ニュース

2018年4月　第1刷発行
2021年4月　第2刷

著者　池上彰・増田ユリヤ
発行者　千葉 均
編集　木村やえ
発行所　株式会社 ポプラ社
〒102-8519 東京都千代田区麹町4-2-6
一般書ホームページ www.webasta.jp
ブックデザイン　bookwall
印刷・製本　中央精版印刷株式会社

©Akira Ikegami, Julia Masuda 2018 Printed in Japan

N.D.C.209/236P/19cm ISBN978-4-591-15788-6

落丁・乱丁本はお取り替えいたします。電話(0120-666-553)または、ホームページ(www.poplar.co.jp)のお問い合わせ一覧よりご連絡ください。※電話の受付時間は、月～金曜日10時～17時です(祝日・休日は除く)。読者の皆様からのお便りをお待ちしております。いただいたお便りは、著者にお渡しいたします。本書のコピー、スキャン、デジタル化等の無断複製は著作権法上での例外を除き禁じられています。本書を代行業者等の第三者に依頼してスキャンやデジタル化することは、たとえ個人や家庭内での利用であっても著作権法上認められておりません。

P4147002

未来へのトビラ A Door to the Future　　ポプラ選書　好評既刊

『教養としての10年代アニメ』

町口哲生
Tetsuo Machiguchi

**人気アニメを
もっと深く、
楽しむために**

教養という概念は「人格は形成されるもの」という考えと結びついている。人格を形成する役割はかつて哲学や純文学が担ってきたが、ゼロ年代になると若者に対するポップカルチャーの影響は無視できないものとなった。本書では、教養として「10年代アニメ」を分析することで、現代社会や若者文化について理解を深めていく。

『補欠廃止論』

セルジオ越後 Sergio Echigo

どんなスポーツでも平等の権利を与えるのが当たり前

サッカーの辛口解説者として知られる著者が長きにわたり訴えているのが、部活動における「補欠制度の廃止」である。世界のスポーツ社会には「補欠」という言葉は存在しないとまで言い切り、日本のスポーツが世界で活躍できないのは、「補欠制度」が原因と訴える。学校教育とスポーツを変える新提言。

未来へのトビラ A Door to the Future　ポプラ選書　好評既刊

『18歳選挙世代は日本を変えるか』

原田曜平 Yohei Harada

18歳は政治に興味がないわけではない！

若者を対象にした調査で、6割が政治に興味を持ち、7割が投票すると答えた。「若者は政治に興味がない」という通説は、必ずしも正しくない。若者の実態について調査・マーケティングしてきた著者が、政治改革を起こす世界の若者と、日本の若者を取材する中で、一見無気力にも見える彼らの優しさや欲のなさ、素直さに、民主主義への希望を見出す。